U0746988

吕思勉

呂思勉手稿珍本叢刊

中國古代史札録

39

交通二

吕思勉 著

第三十九册目録

交通二

交通二

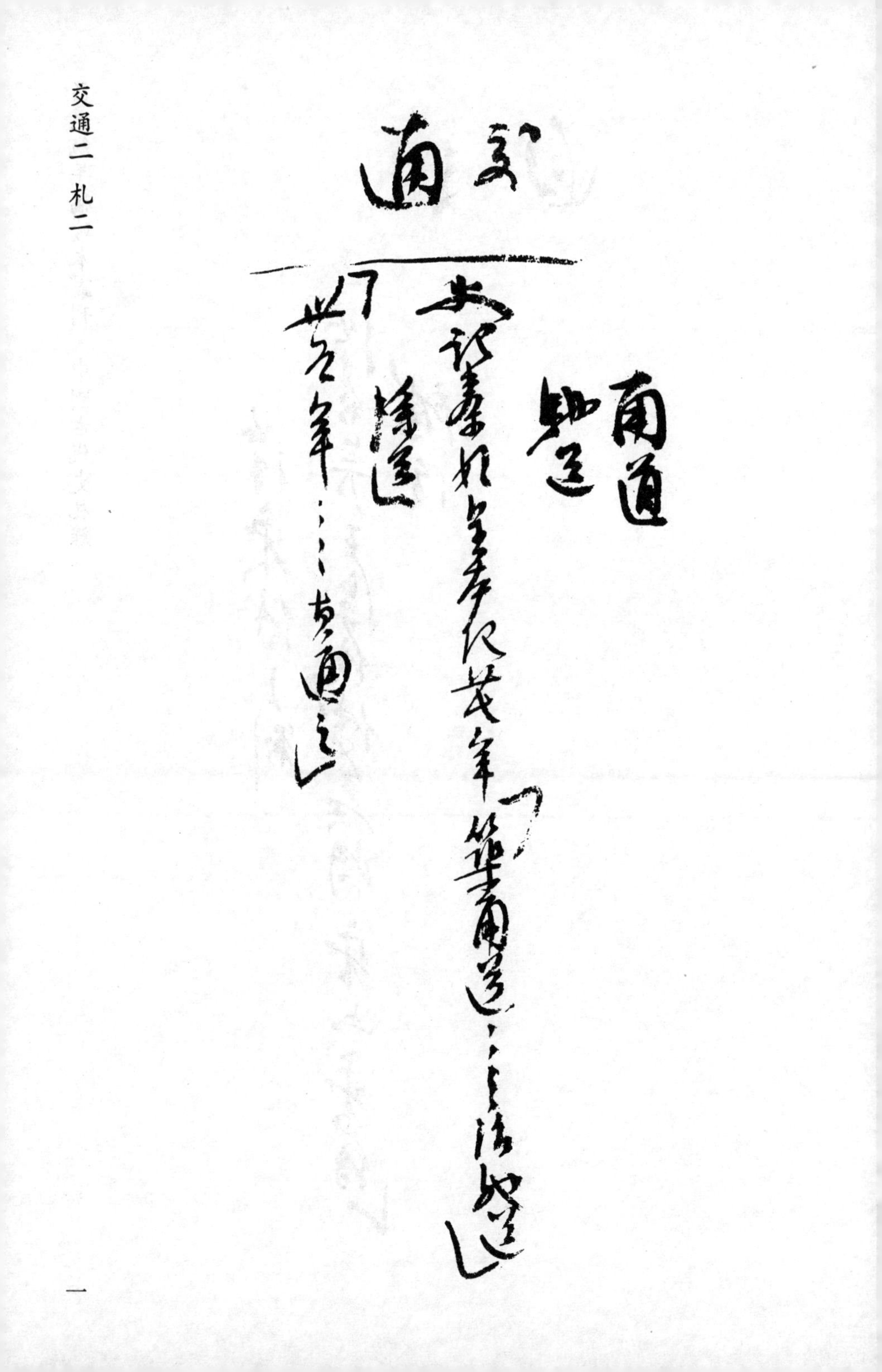

隋乘緣之制

隋書吳王恪傳隋吳將乘之乘緣之

補遺

交通

孫權大貴哉三千人

由揚江湘法 當之十一

交通

漢人止宿於亭

亭屋控瞭望故有樓

中國古代旅行研究 頁67

尋常人不宿於亭居逆旅

看風俗通義

到適

漢武以口津賜亭長妻令嬢殿

山縣田那江の養充丸共員

適

勉之

此[illegible]
[illegible]十六　六　十八

交通

閣道 重林山中

揚淮廣右半道 褒斜子午道塞

水經沔水注 卷27 頁456

道

斷山岡以通平道

此據沔水注廿八云

通

竟陵馳送

山陰鄒令 汪點卅

交通

四門華馳道

四擭陰溝水注焉

弐通

右橋

那經穀那佳

16

26

石橋

此種辦法必不行

通

聚石渚以容數十舫

水經贛水注 卅九、十七

通

鑿石架閣

水經漆水注 卅六・廿六

交通

漢通西南東南道二千餘里

水經江水注　卅三·十一

犍為至益州道

沫水注　卅六·10

自陽山達桂陽之道

洭水注　卅九·二

到通

步印此渚

貝此獲贛此佳 卅九 1/17

交通

吴蕃宸會阁口

明經江明德 卅五〃十二

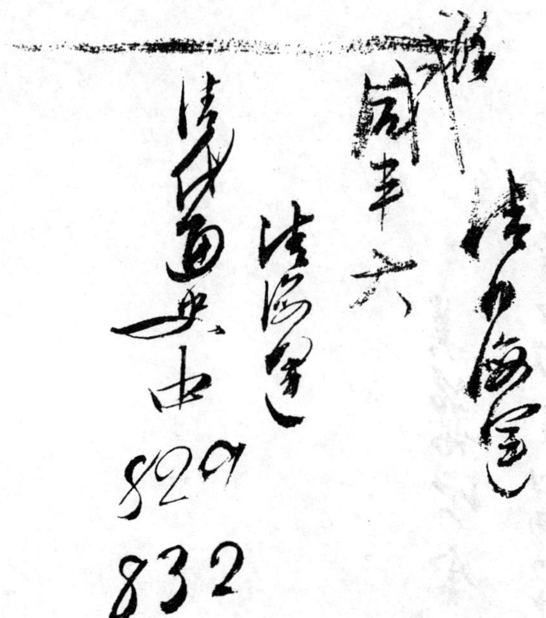

元制設急遞鋪以達四方文書亦謂之通遠鋪世祖時自燕京至開平府復自開平府至京兆始驗地里遠近人數多寡立急遞站鋪每十里或十五里則設一鋪於各州縣所管民户及漏籍户内僉起鋪兵中統元年詔隨處官司設傳遞鋪驛每鋪置鋪丁五人一晝夜馳四百里以縂管府委有俸正官一員每季親行提點州縣亦委有俸末職正官上下半月照刷二十一年大都設總急遞鋪提領所降九品銅印設提領三員英

宗至治三年，命諸處急遞鋪每十鋪設一郵長，于州縣籍記司吏內差充，令專掌其事。按置郵傳命，自古重之，元史志詳載其制，而世祖紀中統三年十二月有罷諸路急遞鋪之詔，與志文頗背，未審何故。

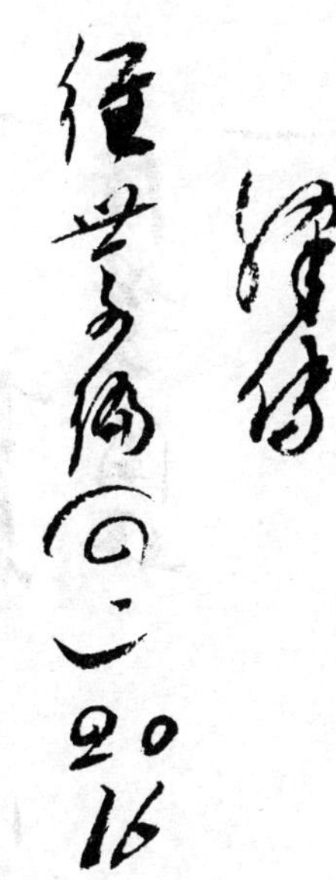

鬼道

一 論釋氏之害

隋學佛始

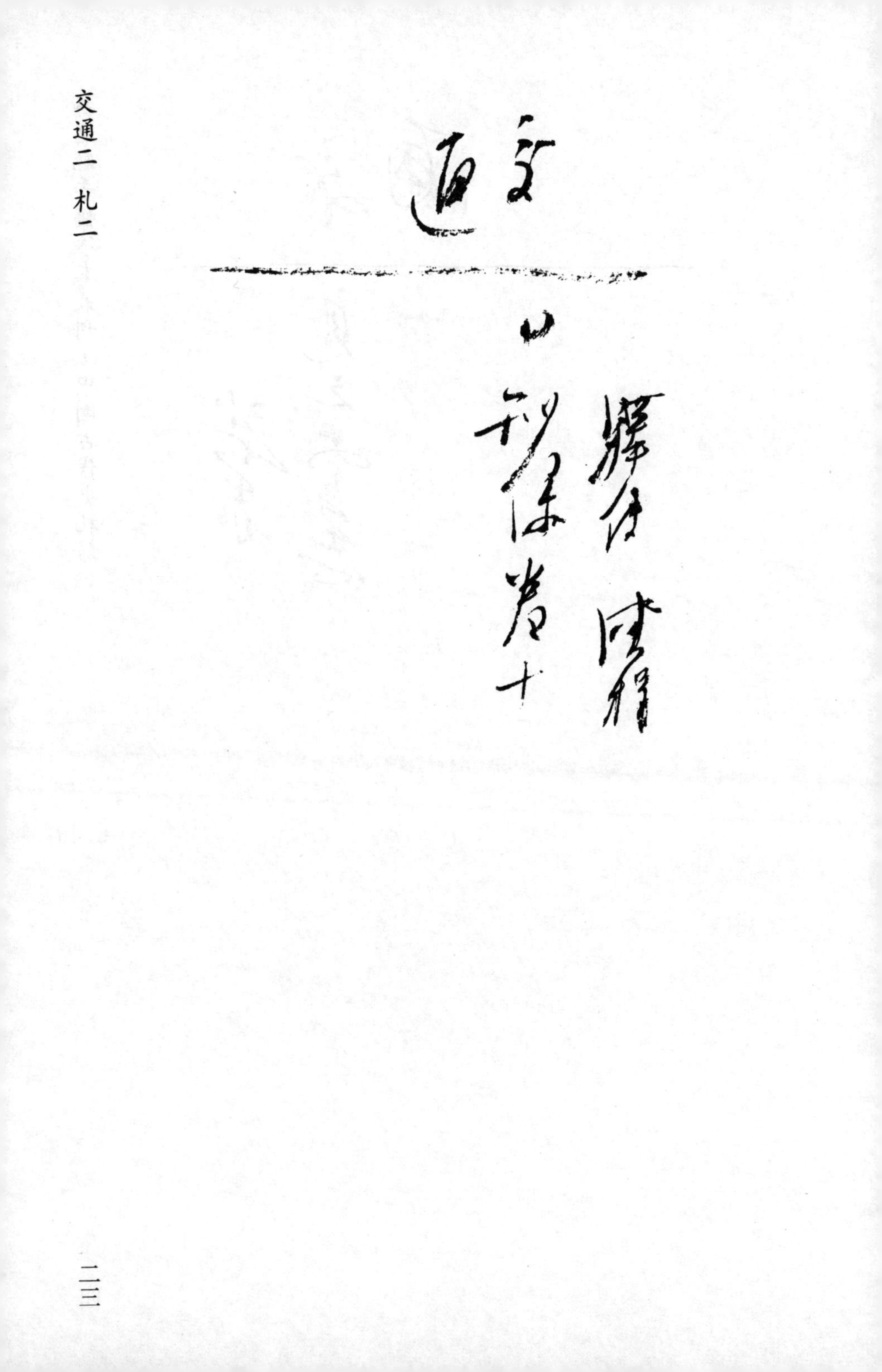

適之

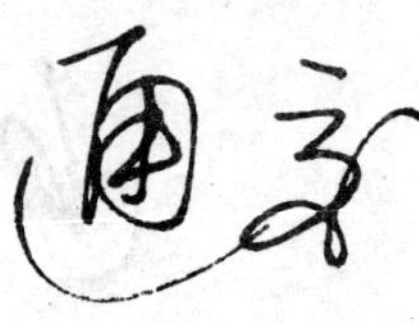

烽燧報

觀堂集林十七卷敦煌漢簡跋十二

十三

薛鄭通剎印字學燃巾

從半農校本卷敦煌掇瑣收十一

交通

海运军兵輪船

自制保

清运去时海运

請見親海运去而成海运記

初用帆船通商陸路精運

自敘

序稱

[illegible]

[illegible]

俯仰天地間 [illegible]

欲語[illegible]人

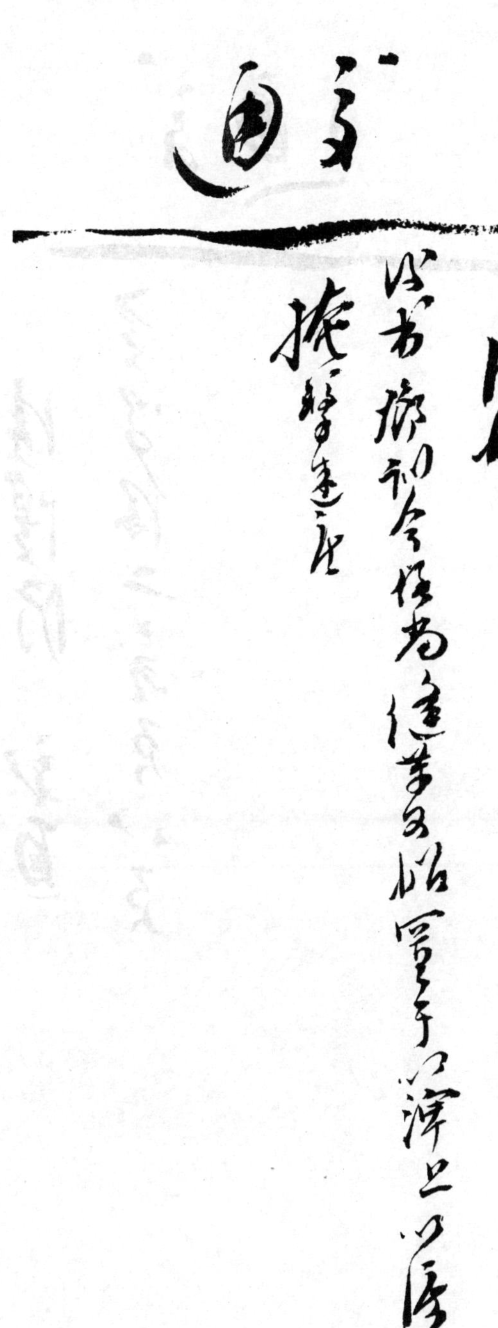

文通

漢隋間　郡國

見學報二十五頁八頁

交通

馬頭

通館史實識據設埗于海濱岸馬頭

為隄間〻橋津之附岸岸上植木來〻

以係兵馬入船也

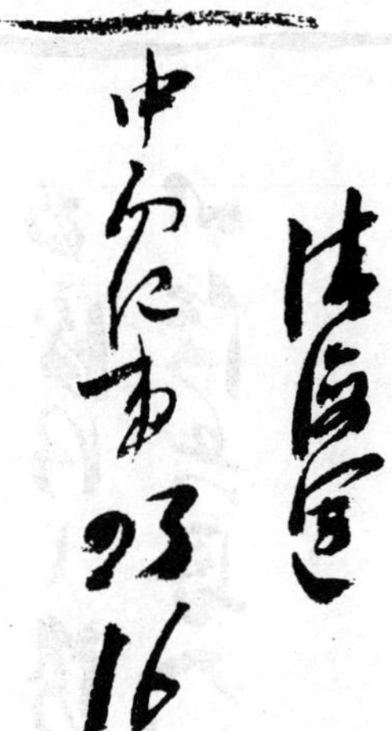

交通

西蒲輪船公司委遞郭孝純江鐵路
戒揮輪於碼頭李芳佳輪鉤
給公李貴院討暖入沂州道
鈞稿尚照說文
外海

羊車

[illegible]已[illegible]補三

輜

又云輜車以小車[illegible]

安車

又二安車

[illegible]

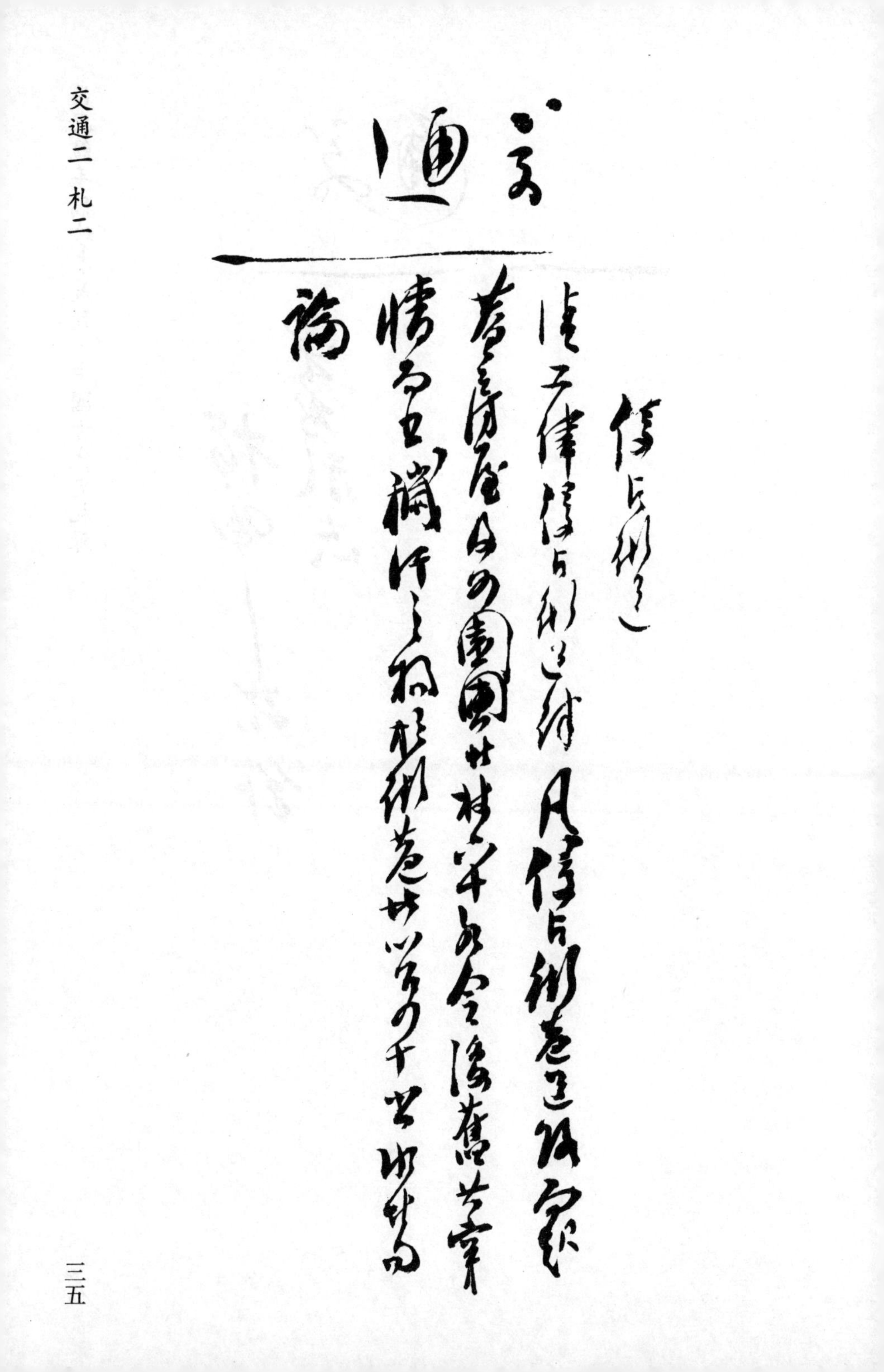

交
通

[illegible]

[illegible]

[illegible]

[illegible]

諭

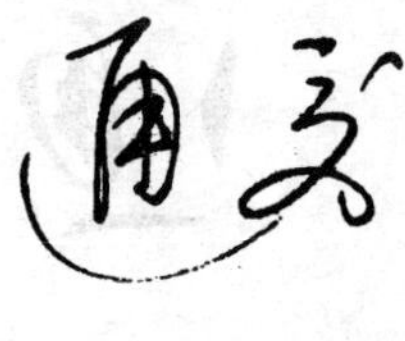

指南——磁針

道鄰

[illegible]

漢代兵制目札

又兵家著錄 脂類二篇

關防兵制[illegible]關備之

見交通篇

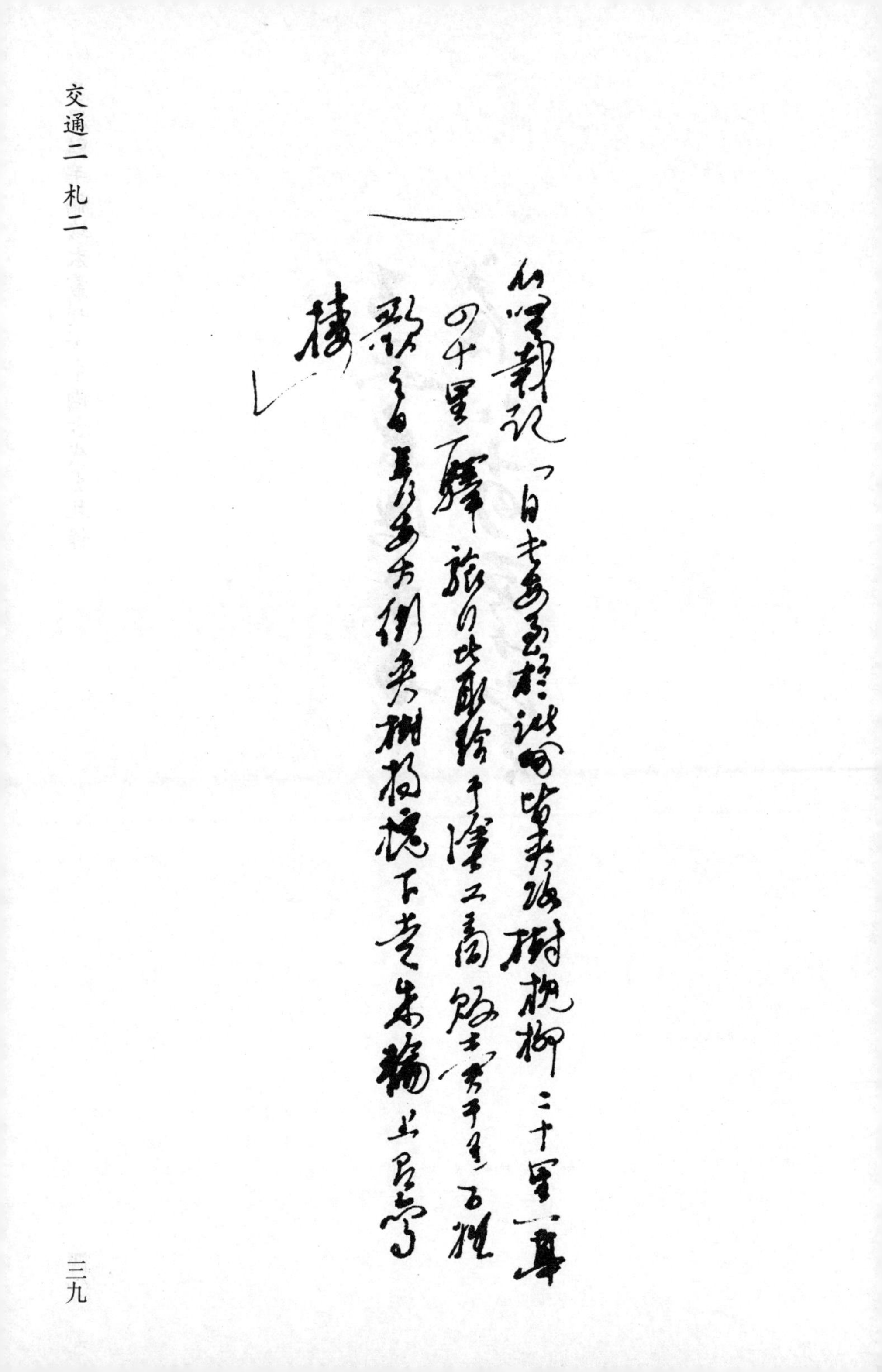

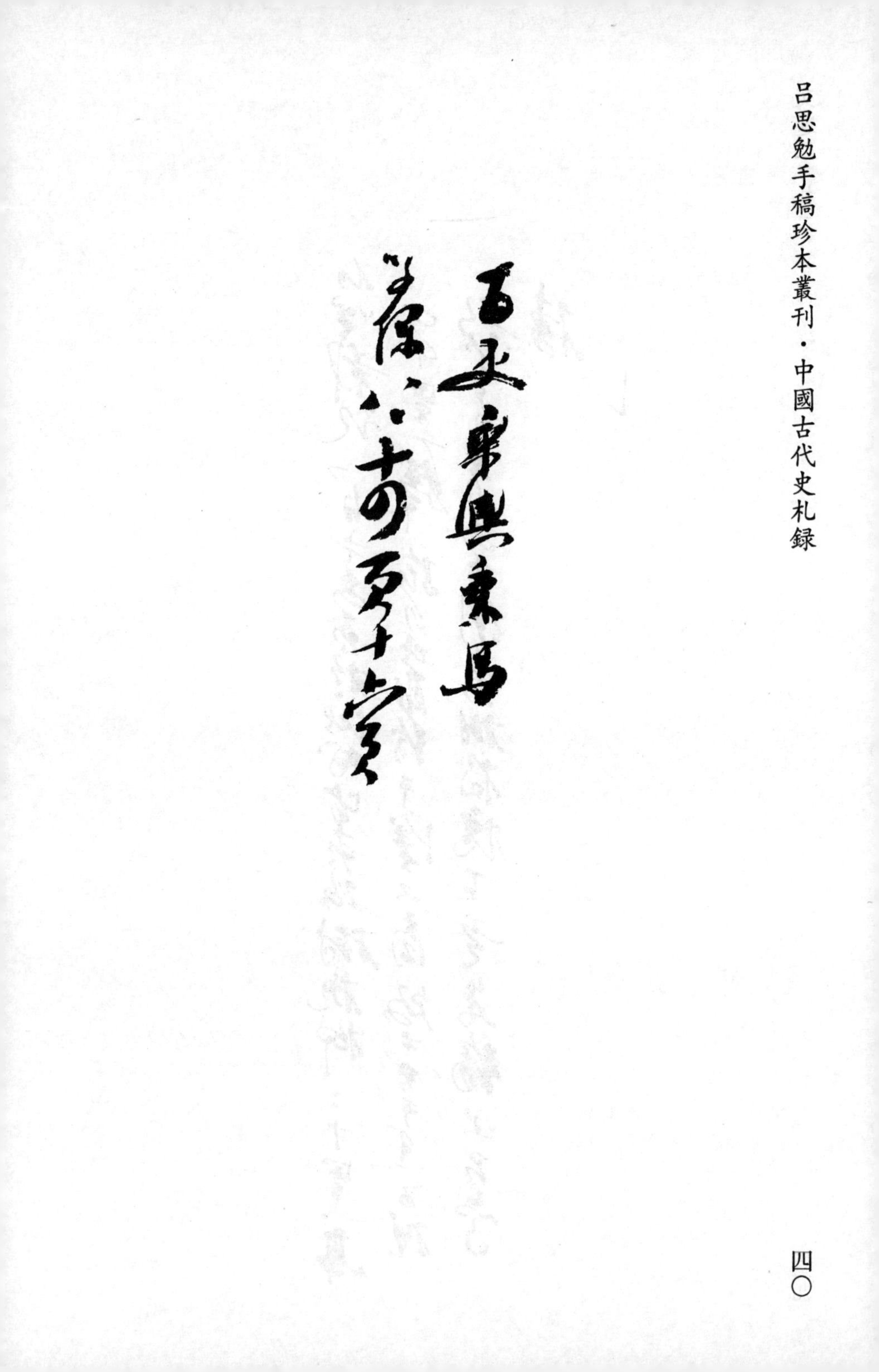

[illegible]

黏貼在
以後之黏稿子

交通

以人代畜。唐書車服志稱自軒轅以來服牛乘馬今輦以人代畜

以人代畜

東晉郵驛。續書輿服志注臣昭案東晉猶有郵驛共置承受傍郡縣文書有郵有驛行傳以相付縣置屋二區有承驛吏皆條所受書每月言上州郡

以茵輿行。漢書王莽傳自出以臨久病。雖瘳不平。朝見挈茵輿輿行。服虔曰。有疾。以執茵輿之行也。晉灼曰。漢儀注。皇后婕妤乘輦。餘者以茵。四人舉以行。豈今之板輿而鋪茵乎。師古曰。晉說非也。此直謂坐茵褥之上。而令四人舉其茵之四角。輿而行。何謂板輿乎。

◉交通部澈查欽渝墊欵

交通部欽渝鐵路墊欵、計合法金三千二百十一萬五千五百法郎、此欵當洪憲時代、業經比法政府匯交我國、彼時交通當局爲討好袁政府之故、盡數移作他用、近由交通部查帳委員會查出情弊、不但用途不明、而且諸多蒙混、日前會咨行財政部查核詳細數目、茲將其咨文誌錄如下、爲咨行事、查欽渝鐵路墊欵一案、所有該項法金墊欵三千二百十一萬五千五百法郎、歷屆還本付息、及迭次展期、並以國庫券作擔保各辦法、均由貴部辦理、惟每屆到期、還本若干、付息若干、展期若干、又增加用費若干、其展期辦法若何、截至現在止、尚欠本金若干、利息若干、歷年雖迭向貴部考查、迄未詳悉、相應咨請貴部查照、按上開各項、詳細分別開列帳單、並叙歷屆展期各情形及條件、復咨過部、以資接洽、

十一年十一月[illegible]

紀通

鐵路

同三英美請修鐵路從蘇江灣向鐵路 光二英商築吳淞鐵路 後以銀二十八萬兩購回拆毀

光四直督李鴻章築開平礦鐵路 後乃展

光十三直督李鴻章奏請展修大沽至津 光十四通

長至山海關外

光廿四盛宣懷督辦 盛辦鐵路總公司

廿三借比

並擬小計劃書請詳核

光 29日 孫科 南京鐵道部用箋

寧湘鐵路合同

1914 7 中英

南昌至湖州鐵路修之

枚

1914 有議書寄園

書道路

隴海路直達西安

廿三年十二月二十七日

交通

杭江鐵路

廿三・十二・廿八 通車

[illegible]

唐太宗收回

清史28借—華僑之時 一作之時華僑了

其說郭之千萬倘郎—從此算起

以葉全貝十多張算

民無・三尺真者債 十十多個年念胡

時 孔子之接收

交通

卅一年湘省因汽油耗費甚巨，均累於債，聞比時西國以煤汽、車特請建設廳派技師柳敏等研究，六月五日試驗，成功改用木炭移汽油，省費十九去

魯閔公　公

十五年　三千又七

十六　四千五百廿

十七　一百八千　訖：

十八　四百四千　訖

十九　五百一千　計

交通

汽車發明者
亨利·福特生於美密執安省特羅
市之外農夫之家　創製汽車初步
殆至歐戰時乃大盛

蜀道

川黔公路

由重慶南岸海棠溪起經江津綦江達松坎接貴州馬路長三百六十里廿四年四月二

二十八日興築至六月二十成

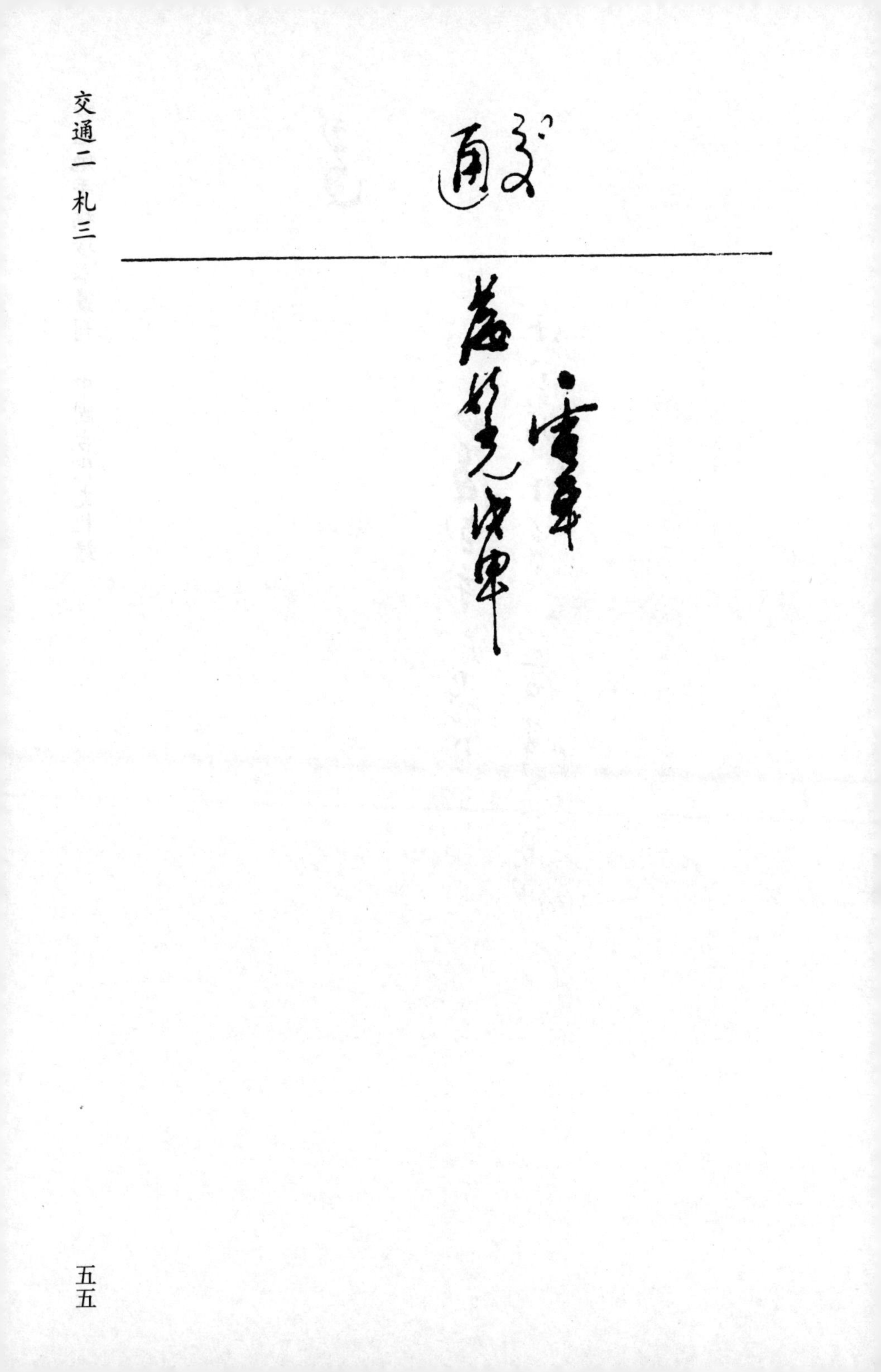

[illegible]

[illegible]

譯通

若海包年之飛行

中國航空會

二〇年十一月十日函

多

來平航空

十四·十七 吉隆航 諸南亭去 修好 沖南

春泽 廿年

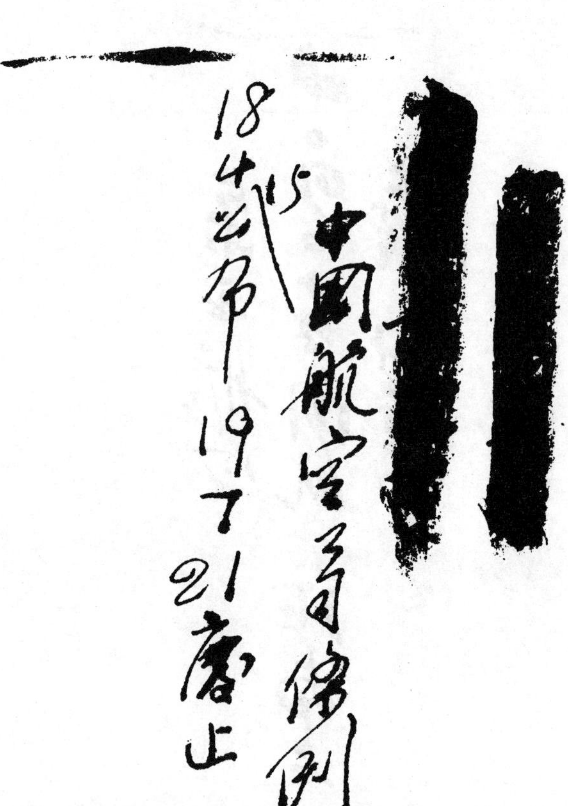

又

中國航空公司滬粵綫

廿三·十·五の開航

中國航空公司三方錦綉

滬平　廿二・一・一〇正式開航

渝蓉　廿二・十二・十一　成都重慶間本只十日程到此縮為一兩小時

滬粵　廿二・十・二〇

中華日無綫電

三年來[illegible]

[illegible]

通行

建設委員會[illegible]設[illegible]債條例[illegible]

請[illegible]二案[illegible]

據建設委員會[illegible]辦理[illegible]

[illegible]建設委員會[illegible]

[illegible]辦理[illegible]

十七年十二月

[illegible]

通考

一六二・二一四 經與葬律

真茹國際無線電台

十九、十二、六日 安幕

便利、我國電政事業之創始、尚在清光緒初年間、至今日已有五十餘年歷史、但所有電報、祇有陸線水線兩種、電局設置、亦僅上海吳淞崇明廣州北平天津漢口哈爾濱等八處、且規模甚小、欲與國際通信固甚難、即國內有時亦有阻滯、查其時國際陸線、祗有中俄中法兩綫、中俄線係自張家口哈克圖經西伯利亞以達俄國、中法線由越南經安南至法、海線則有上海至佐世保一線、上海至南洋一線、以上線、所經地點如青島香港長崎等、惟該種事業、盡操於外人之手、如大北大東等公司、對於我國之經濟固受操縱、即國家權利、亦不免放棄、然此種事

嗮、其次、關於國際大電台籌備經過、亦有可向各位報告者、去年二月、本部即派員籌備國際無線電台、向法商訂購機器、謀於上海浦東設立中法電台、同時建設委員會亦先後向德美訂購機器、籌備建築國際大電台於上海眞茹寶山劉行、國際支台於上海楓林橋、去歲八月、本部接收建設委員會所辦之無線電事業、遂將部會兩籌備處合一、以專責成、更督飭員工、積極進行、本年三月、楓林橋國際支台落成、四月、與菲列濱香港及荷屬東印度一帶通報、并由斐列濱轉通歐美兩洲、十一月、大電台始全部竣工、與美國舊金山及德國柏林試行通報、成績極佳、至中法電台、再過二月即可開放、計自開始籌備至今、歷時一年有半、全部建築經費、為美金約十餘萬、國幣九十四萬左右、此項工

電報

將同九

電話

將交六

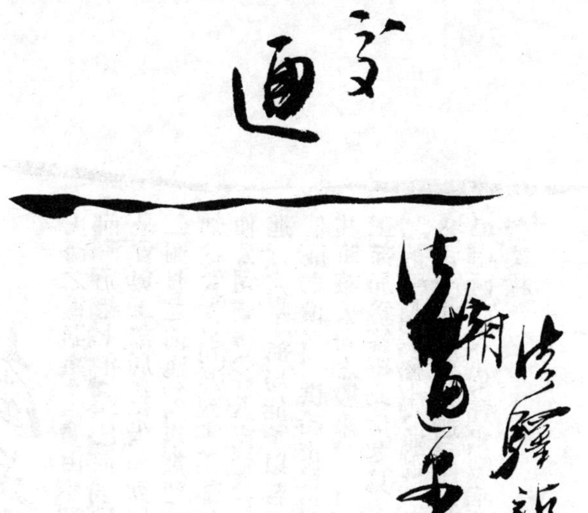

滬華洋德律風公司

上海之電話事業、實由中日電話公司開其端、該公司於前清光緒七年、即已從事代客裝置電話、互相通問、先是曾與工部局約定、如欲取消該公司之營業權、須於十二個月之前通知、未幾忽縮短期限、改爲一個月以前通知、於是公司乃致書工部局秘書長、以爲「此項辦法、將使公司業務、任人操縱、殊失公平、勢難添招新股、積極進行、苟工部局能予以若干年限之營業權、則公司將以低廉之價格、供給市民以一種完全新式的設備」云云、其時該公司之股東、共有三八三人、均寓居市區之外、工部局爲答覆此信起見、曾於光緒二十四年三月十日之納稅人年會中、通過一議案、授權該局、與中日電話公司或其他公司進行談判營業權之核准、厥後遂由本埠中西商人、集資組織華洋德律風公司、向工部局領得營業權、

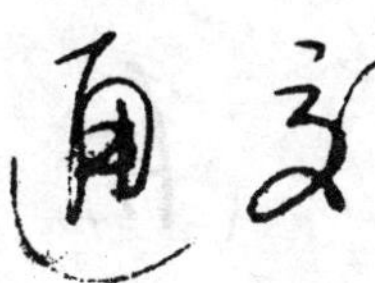

周 文

電話

牧光華——蔡光强

汪初春康長源電話

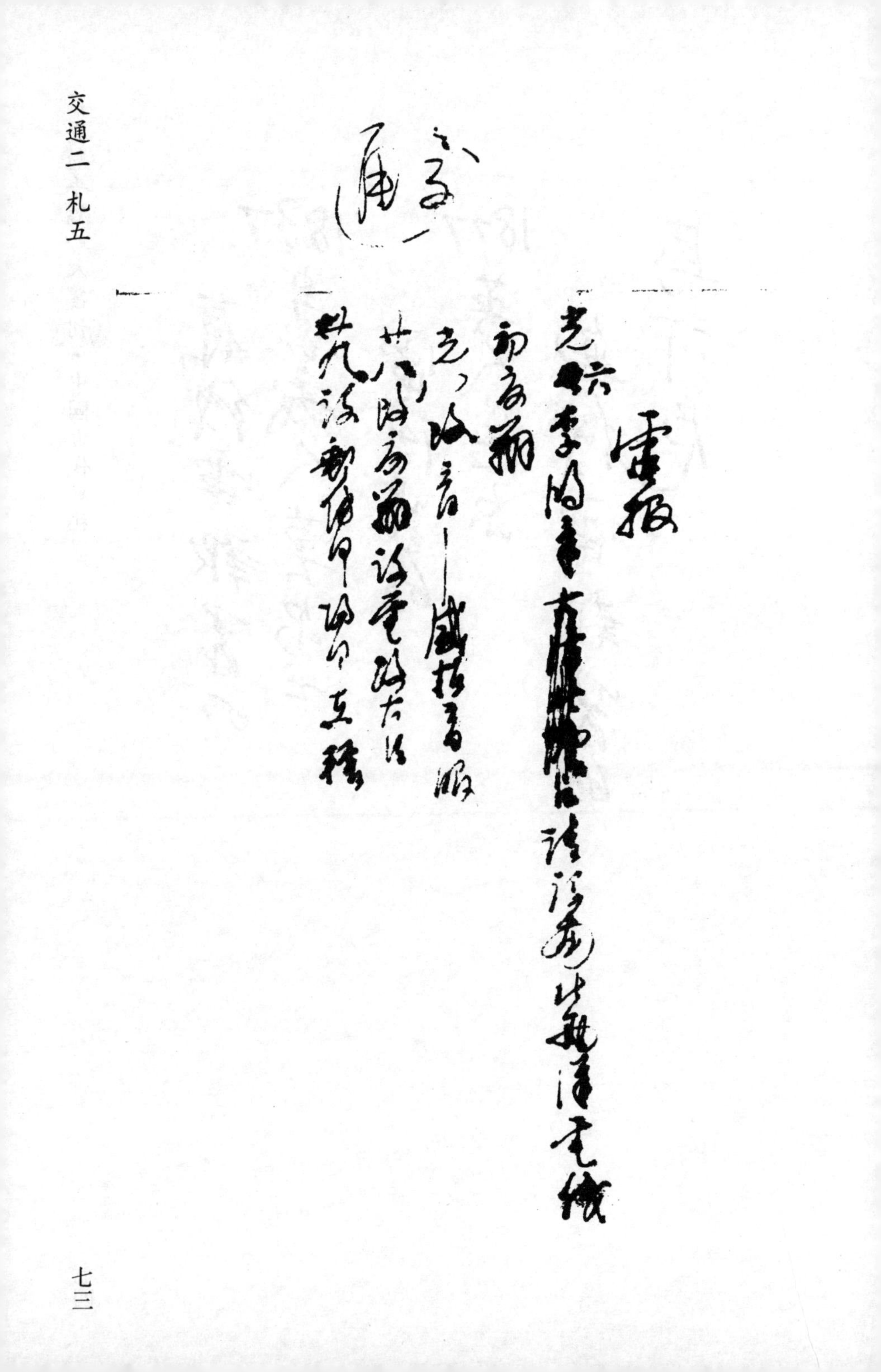

有线電報發明
1837年美人莫尔士
電話發明
1877英人倍尔
無綫電報發明
馬可尼

中英直接通報

國際電信局長溫毓慶、發表國際電臺建設之經過云、民國十七年八月

建設經過

五日、廣東政分會第四十六次會議議決案、即有設立國際電臺之提案、並電請中央政治會議施行、嗣於是年十一月由建設委員會、向德國德律風根公司、訂購二瓩羅瓦脫收發電機四副、又向美國合組無綫電公司、訂購二十啓羅瓦脫收發報機兩副、籌建發報臺、於上海之眞如及楓林橋、收報臺於寶山之劉行、並與菲列賓合組無綫電公司、美國合組無綫電公司、及德國柏林海諾無綫電公司、訂立上海馬尼剌間、上海舊金山間、及上海柏林間、直接通報合同、並於眞如及楓林橋兩臺、建設未成以前、先在上海成立中菲轉電臺、裝製五百瓦特發報機二副、民國十八年一月十四日、與馬尼剌正式通報、是年二月、交通部又向法商長途電話公司、訂購十五啓羅瓦特收發報機一副、四月組織國際通信大電臺籌備處、並與法國無綫電公司、訂立上海巴黎間直接通報合同、八月交通部奉令統一全國無綫電管理職權、將建設委員會所辦無綫電事業、接收歸併、乃於眞如劉行兩處、積極徵收基地、建築臺屋道路橋樑、裝置機件天綫電纜電力等設備、十九年三月、楓林橋發報臺落成、十一月眞如發報臺、劉行收報臺、均告工竣、十二月六日開幕、正式與歐美各國直接通報、

擴充建設

英國倫敦爲世界商業中心、我國與倫敦間往來電報、幾佔國外報費之半數、而直接綫路、尚付闕如、交通部乃又於民國二十一年六月、商經中英庚款會、撥借英金五萬鎊、向英馬可尼公司、訂購二十啓羅瓦特高能短波收報活機兩座、並與倫敦帝國交通公司、訂立中英通報合同、就眞如發報臺、添建臺屋、裝置新機、加架天綫鐵塔、又以上海眞如及上海劉行間之遙控遞報架空電纜、易遭損壞、向英商祥泰洋行、訂購五十對裝申地下電纜一條、興工敷設、以謀永固、並於眞如發報臺內、設置備用、發電廠及機工廠各一所、俾於取給電流、修理機件、更臻便利、其全部擴充工程、均於上年十二月底、完全告竣、並經與英國試報、結果圓滿、定今日舉行開幕禮、並正式通報、

廿三年二月三日

鄉遂

鄉遂中自有遂都規定

周八天得十二家　周十井為四井家　天子國王官

恐未見之其說也

西[illegible]一九四一年[illegible]

[illegible]十[illegible]

我[illegible]以[illegible]

擬作郵

英11/30寄

我國郵政之現況

東方20卷一號9[illegible]至93葉

加入鄉會

十周紀年本來三筆の[illegible]

郵政儲匯總局

十九・三・一五開辦上海

交通

郵政儲金匯業總局協希郵政局

三十四年七月一日發行

郵局開始取締民信局

郵局突令扣留民信 民信過磅條例廢止 信商仍作最後力爭

大公社云、交通部全國郵政管理局、因民信局未遵命令結束、特將過磅條例廢止、並將華南華北長江一帶、及內地各埠來往民信、一律扣留、全國民局商俟中央批示如何、再作最後力爭、茲將詳情分誌之

過磅條例廢止 交通部以全國民信局營業、實紊亂郵政系統、爲作初步限制起見、曾於民國十八年頒布臨時民信過磅條例、起初每磅祇徵收過磅費二角、嗣後逐漸增加至七角五分、九角五分、民國二十二年間增至每磅一元二角五分、去年四月間、改爲每兩信件重量徵費一角、合計每磅一元六角五分、交通部自每年增加過磅費後、民信局爲不勝負擔、全國各地民局商無法維持、相繼停業、佔百分之十五、此項條例、原屬限制民局之臨時辦法、茲民信局已限至去年底結束、則此項條例實無存在必要、故全國郵政管理局、業已通令各地郵局廢止、如再發現民信、卽予扣留、以私遞信件處罰、

各地民信扣留 全國民信局、爲自身及數萬員工生活計、對交通部限期命令、仍作最後之請願、中央當局是否取締與存在、迄無正式批令到滬、故信商尚照常營業、但郵局爲實施取締、已將去年十二月三十日起、各地來往民信一律扣留、大公社記者、昨向本埠民信公所探詢被扣之信件、華南方面、計溫州・福州・厦門・汕頭・廣州・長江一帶、計漢口・九江・蕪湖・安慶・南京・鎮江・上海、華北方面、計天津・北平・石家莊・鄭州・濟南、內地、如無錫・蘇州・杭州・等各大埠之來往民信、現已全部扣留、

信商最後力爭 大公社記者昨赴本市南北兩區、及租界調查民信局之情形、門庭冷落、已不勝今昔之慨、詢諸民信公所之負責人答稱、全國信商、仍希望政府體恤民艱、收回取締成命、惟中央尚無批示、故仍照常營業、如將來政府當局無圓滿批復、當再召集大會、作最後之力爭云云、

寄信人之焦急 又訊、據一般人意見、郵局此次停止民信收寄、應先從民信局方面爲根本之取締、不應將已寄之信半途扣留、蓋一般商民、遞寄信件、各謀便利、有認民信局爲便利者、自舍郵局而往民信局、在此民信局向政府請願、而政府尚未批示以前、依舊投寄、郵局自未便將信扣留、蓋扣留此項信件、不啻與寄信人爲難、正如諺所謂「吃對門而謝隔壁」、殊非美滿之道、

所締以信爲限將遞銀洋
物件等仍可[illegible]續辦

郵局於九月二十二日罷工　廿一年　[illegible]

要求目的

此次要求之目的、即爲實施鞏固郵基方案、其要點可分爲四項、㈠裁併儲匯局、㈡停止津貼航空公司、㈢郵政經濟專養郵政、實施特別會計、㈣保持郵政制度、此皆爲維護郵基之治本辦法、爲該會等一貫堅持之主張、近鑒於郵政虧累、郵基日危、故急求實現。

呼籲經過

儲匯局成立於民十八年二月十五日、該會等於十八年二月間即呈請收回分立成命、未蒙批准、同年八月間請求合併、又未達到目的、厥後迭次臚舉理由、呈請中央及國府各部院及中央全體會議進行、並未間輟。去年四屆一中全會開幕、適值交部部長陳銘樞先生蒞任、亦曾提出歸併儲匯局及以郵養郵原則、請予確定實施、至本年四月間、交通部以郵政虧累、實行郵資加價、該會等遂於上月底擬具鞏固郵基方案、呈請交部採納實施、本月三日並派代表向中央及國府面陳、後復續提二次呈文及電報催促、先後共凡五通、而各地郵務工會又復電呈紛飛、籲求容納、遷延至前日(星期三)交部仍以「應不准行」電復郵政總局、以致釀成今日不幸事件、

工會簡史

上海郵務工會職工會、成立於民國十三年、時郵政尚在客卿操持、以收回郵權、自民十五年全國大罷工、援助北伐、上海郵務工會在閘北掃除魯系餘孽、功績獨多、國府成立、郵政管理權卒以收回、該會等遂縝密組織、常以發展郵政努力國民革命爲職志、平時對於局務之興革、工友待遇之改良、及工人運動之努力、對於整個中國革命、均有莫大之貢獻、民十八年中美航空合同、經該會等向政府指出種種喪權辱國之點、痛陳理由、卒以取消、實開中國取消不平等條約史上之異彩、儲匯局分立、該會等始終主張取消、至今阻礙雖多、而該會等仍冒莫大犧牲、堅持不屈、此其維護郵政之再接再厲精神、占之此次罷工、益足以表旌於社會、九一八瀋變發生、該會等領率全體員工、維持郵務、從未間輟、一二八淞滬事變、該會等在鎗林彈雨中出發前線、護難救傷、援助軍運、捐資助餉、上海郵務工會三會員、卒以身殉、凡所以爲國爲郵者、史蹟繁多、而該會等深懷國難、進行更不遺餘力、在全國郵務總工會及職工總會領導之下、扶掖各地組織郵務工會、積極謀郵工之大團結、其內容計畫、均關於中國工運之百年大計、中國工運前途之進展、非郵務工人莫屬也、該會等會員三千五百人、全國郵工共計在三萬以上、均富於思想之革命分子、前途希望、實爲無量、

郵局於21 5 26下午一時復工

又電（解決郵潮之方案）原文如下、地方各界領袖、對於此次郵務工會職工會所提之鞏固郵基方案一案、出任調停、決定辦法如下、一、接受原則、轉向政府請願、二、一方面即日暫行復工・一方面組織郵政經濟制度研究委員會、將鞏固郵政基礎方案、提交該會研究實施辦法、工職兩會、得派代表列席、三、上述委員會研究之結果 由陳部長公博、吳市長鉄城及地方領袖負責、轉請政府核奪施行、（附註）以上辦法、經陳部長公博、吳市長鉄城同意（簽名）、各界領袖、虞洽卿、王曉籟、史量才、張公權、杜月笙 林康侯、潘公展、同意者、陳公博 吳鐵城上海郵務工會、上海郵務職工會、代表陸京士、傅德衛 朱學範、張克昌、趙樹聲、史晗堂、林卓午、勞傑明、

◻附鞏固郵基方案

（綱一）以郵養郵之原則為本方案之總綱、用固郵政基礎、綱二 裁併郵政儲金匯業總局及其漢口南京兩分局、恢復郵政原有組織、使儲匯業務、仍繼續由郵政總局辦理、增進實效、節省糜費、以符中央緊縮意旨、（綱三）停止由郵政撥給中國及歐亞兩航空公司之各種款項、以減輕郵政擔負、彌補郵政虧累、用固郵政之經濟基礎、（目一）郵政總局、如有盈餘、除照規章提出百分之十為人員養老金、並存百分之二十、為郵政基金、以為天災人禍之準備計外其餘統由郵局充儘用於郵政之建設及發展、交通部不得提用、（目二）郵政原有之制度及待遇保障 應予切實維持、自副局長及以下、除秘書顧問若干人（有定額）外、應由經過郵政考試之郵政人員充任之、（目三）所有局務之處理及員工之升黜賞罰、以及款項之調撥投資、非經專任副局長及主管處長簽字、不生

之通

松方局
日十二時　浦塩海
シ長丸　天津　牛荘　烟台　廈門　京城　仁川
玄海　博多　九州　清
長崎　横濱　神戸　加賀　横須賀　函館
宋

交通

汽船未興時海軍船舶只木質帆船載小鋼砲數尊　商船通學

名曰戰艦兵船

航海之術，由來已古，外史載巴比倫，腓尼基民族，曾用平底木舟，航行地中海西南岸，我史稱共鼓，化狐，刳木爲舟，剡木爲楫，以濟不通，及至船底龍骨，及航海羅盤發明後，風浪與方向始無妨礙，逐潮已能航行海洋上矣。

至論汽船之發明，以機械船，利用汽體推動原理，近世學者，僉許始於法國人工程師巴本於公元一六九〇年，發表活塞汽缸之構造法，有案籍可稽，復於一七〇七年製成一小汽船，遊行於富爾特河，其發品雖曾受政府嘉獎，卒遭鄰近船夫之嫉忌破碎其小船，巴本逃命外邦而止，三十餘年後英國有赫爾者發表一小本，詳述「一種新機械，而可以駛船於河海水面，不受風與潮之影響」，華德氏於輪船蒸汽機亦大有改進之功，中經數十年，汽船之構造已大有進步，一八〇七年富爾敦集天下之大成，并採用圓形鍋爐，兼雙螺，推動暗葉機，開航業界一新紀元焉，最近英美法等國，已建有五六萬噸之洋海輪船每小時可駛三十海哩，大西

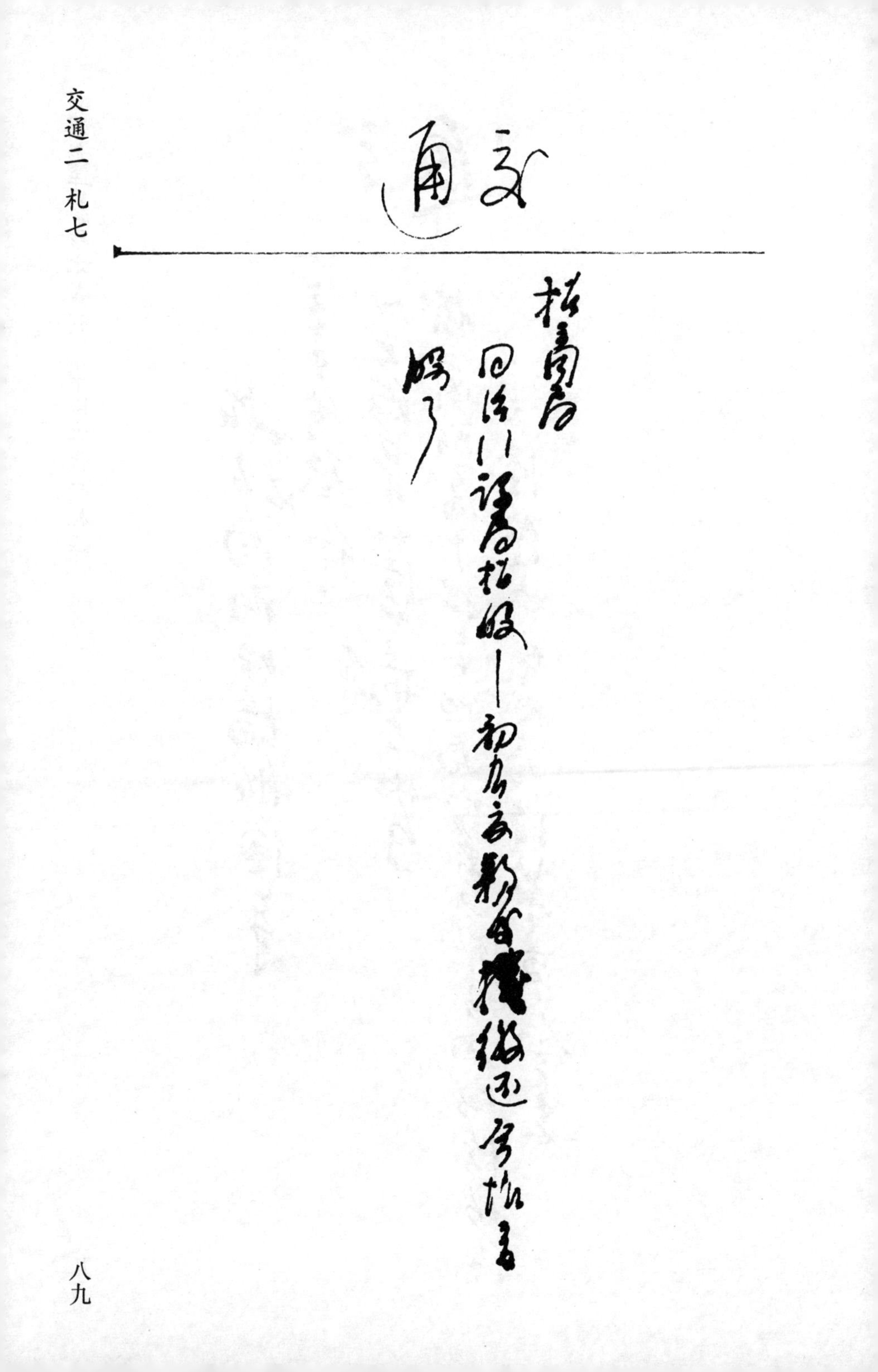

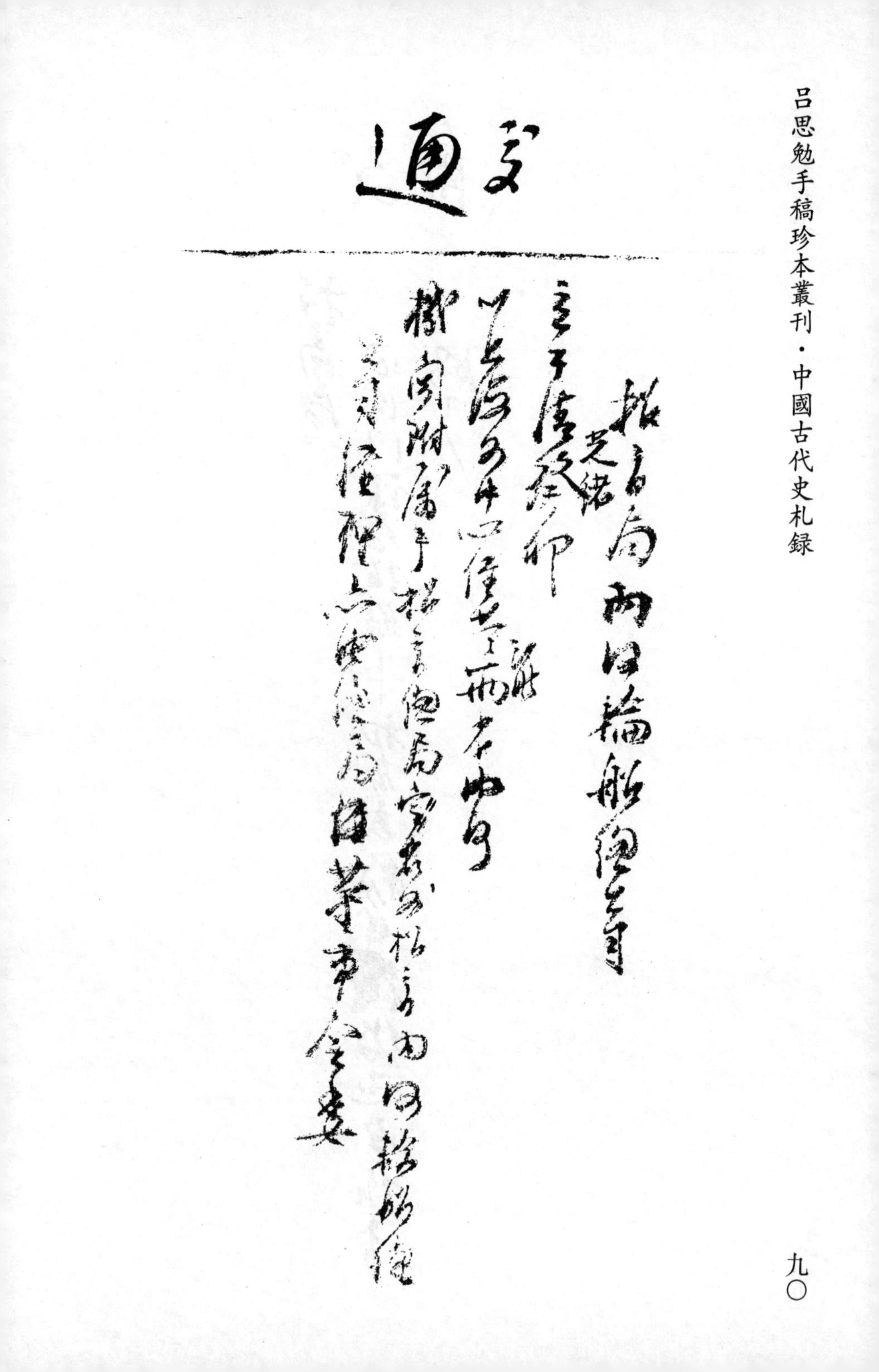

▲交部佈告　爲佈告事、查航政局組織法、業於十九年十二月間奉國民政府公布施行、凡船舶之登記檢查丈量載線標誌及海員航路造船等事項、均規定爲該局職掌、自應遵照辦理、以仰副政府整理航政之至意、關於各項法規、前經本部次第編訂、除船舶法及船舶登記法、業奉國府命令公布並已呈請行政院定期施行外、其餘各項章程、亦經分別依法制定、並爲實施管理航政起見、呈奉行政院核定、在上海漢口天津廣州哈爾濱五處設立航政局即以滬局兼管蘇浙皖、漢局兼管鄂湘贛川、津局兼管冀魯遼、粤局兼管閩粤、哈局兼管吉黑各省航政事宜、均滬漢津哈四局、業將局長分別遴員充任、積極籌備、次第成立、除依照船舶各法及本部各項章程、執行主管官署事務外、所有以前海關代辦航政事項、亦經咨請財政部轉飭分別移歸各航政局接管、以一事權、此後關於航政事務、應即依法呈請各該管航政局辦理、或轉飭呈本部核示、須知此次設立航政局、非僅消極祛除航商之痛苦、並積極力謀航業之發展、各項法規、亦均本此主義、制定施行、於監督指導之中、寓保護獎進之意、凡吾航商、尤宜深體此旨、共圖興革、有厚望焉、除分行外、合亟布告週知、此佈、

上海航政局廿年七月一日成立

餘三處同日成立

述

招商局總理監督處

21/3/26 先是本局郭外峯辭職

至是特設監督總理處專任監督整理

執行監督處整理計畫

以次長陳孚木

該局董事長李國杰為監督總經理

招商局

廿一年總經理李國杰呈債務一千七百餘萬匯豐最多

船祗二十七艘完整者不及半餘皆年久川遲產業

共計五千萬然無關航業者不過數百萬其碼頭

則不可賣故變產救航之論亦不能行云

盤瓠化　盤瓠狗種記化

二〇·七·二一　施行

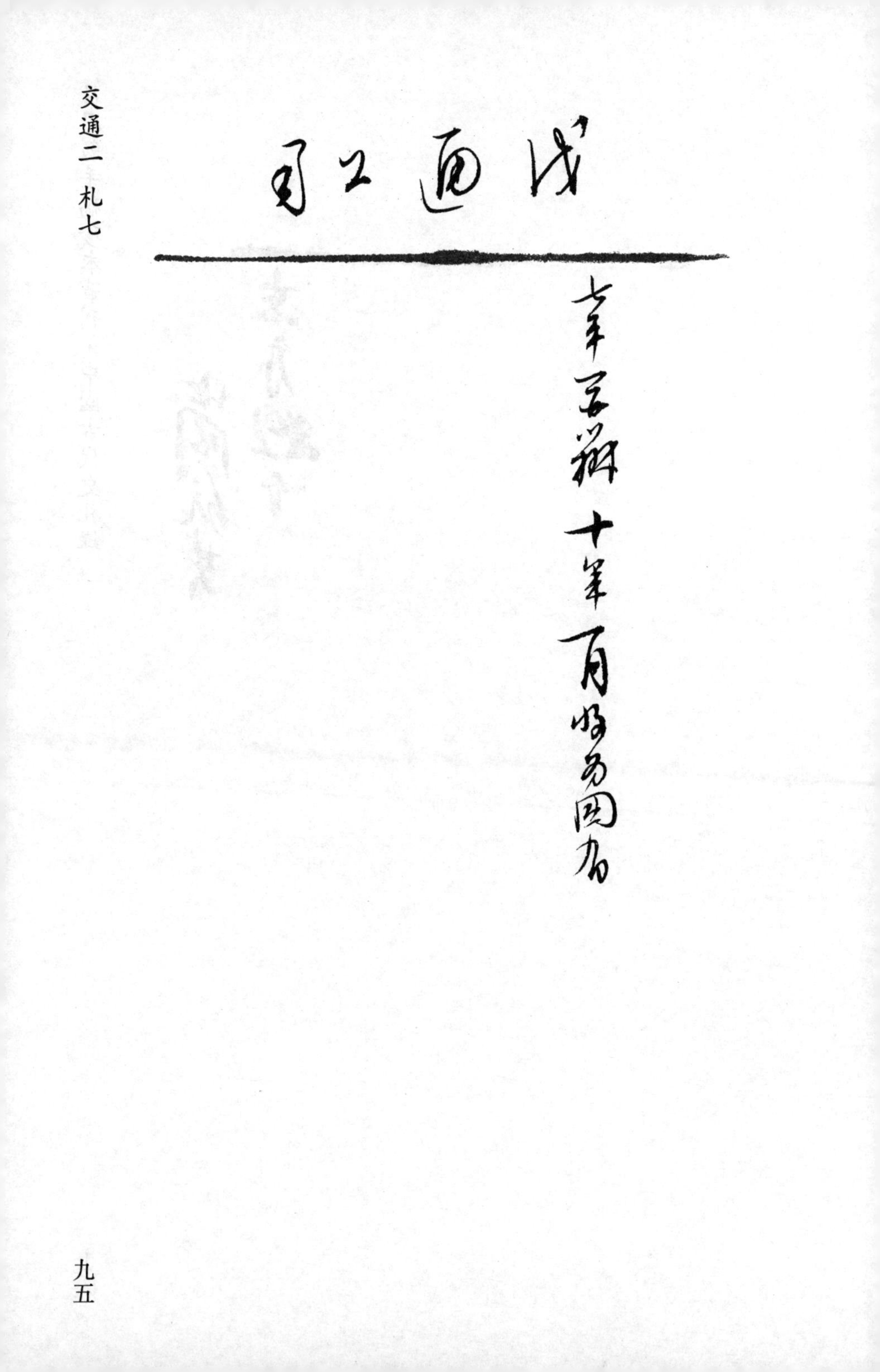

戊通公司

[illegible]

崗航英

東方地十

招商局收回國營

一九・十・二三　中央執行委員會[illegible]次會議決由股權債務之清理整理委員會、妥擬辦法呈請國民政府核定施行

緊要電訊

招商局歸國營

□明令已發表

▲南京　國府廿八日明令、查招商局爲我國設立最久之航業機關、乃經理無方、腐敗太甚、瀕於破產、前經□□□年、仍少成效、自非根本改革、無以挽航權而慰衆望、茲將該局收歸國營、切實整頓、藉謀航政之統一、並促航業之發展、所有股權債務之清理等事宜、仰由該整理委會迅即妥擬辦法、呈候核定施行、此令、

一九・十

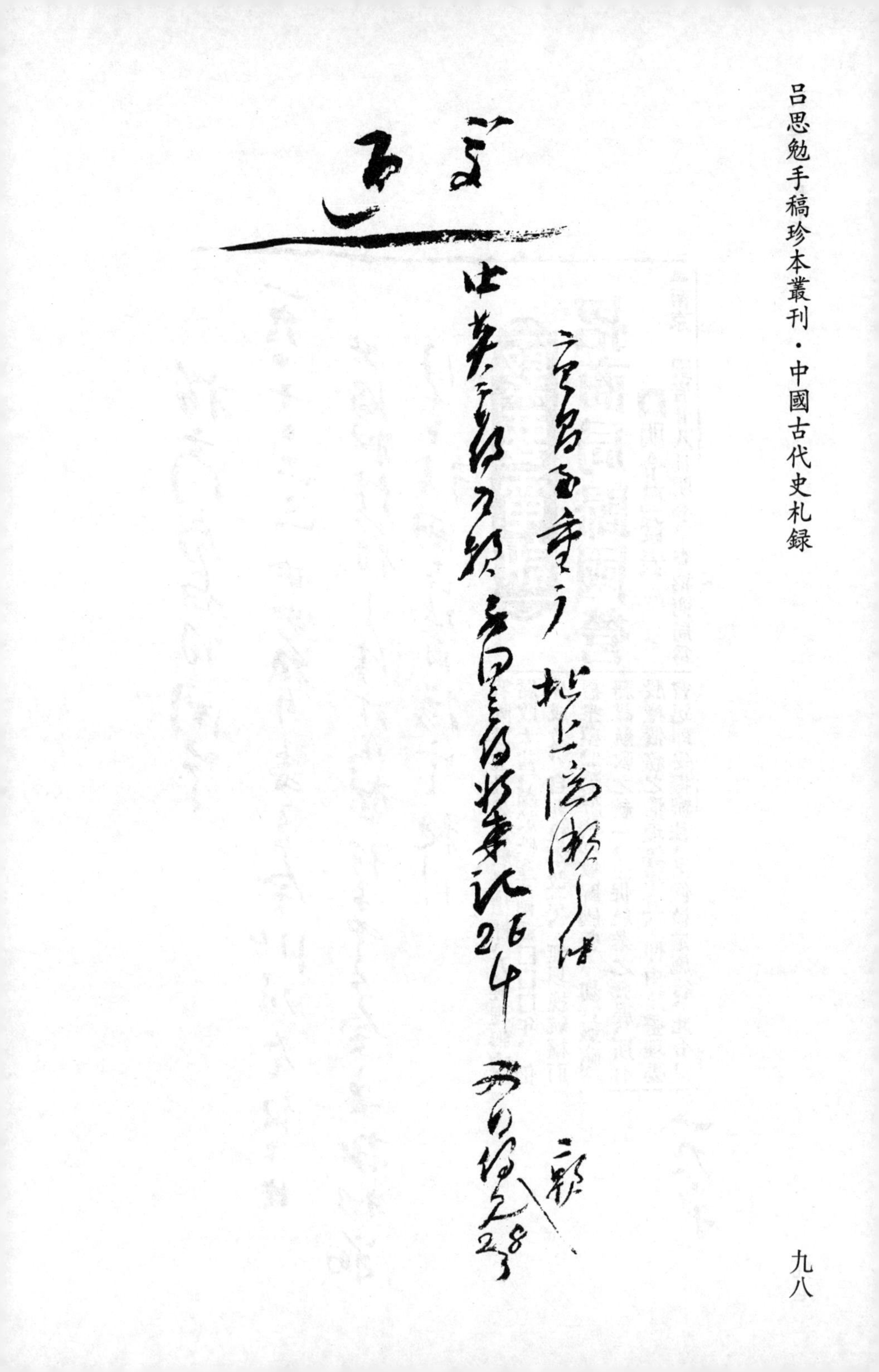

交

一九、七、二六の盛叔趙鐵橋、代以發

十培

緯、閏十六以陈老首代

海島

呂國九第[illegible]

交通

國內鐵路與招商局聯運辦法

廿年六月、鐵道部與招商局訂定

鐵路為　京滬、滬杭甬　津浦　隴海　膠濟　北寧

平綏　平漢　正太　道清　湘鄂

招商航綫以津滬、粵閩、南北航綫（二）川津滬

粵閩者航綫經過漢口上海間之聯運客貨

應由京滬鐵路聯運

柘齋已借廣韻一套錄
廿二年七月由本館借出六套錄以備新
般商因有需增至廿套錄 者百
中英庚金通了

廿二年六月廿六日奉交通部令以航政局將所屬
辦事處限月底一律裁撤再就該處
設甲乙丙等船舶登記所

書仲兄留觀 柏高

一九四九、一、三、敬錄

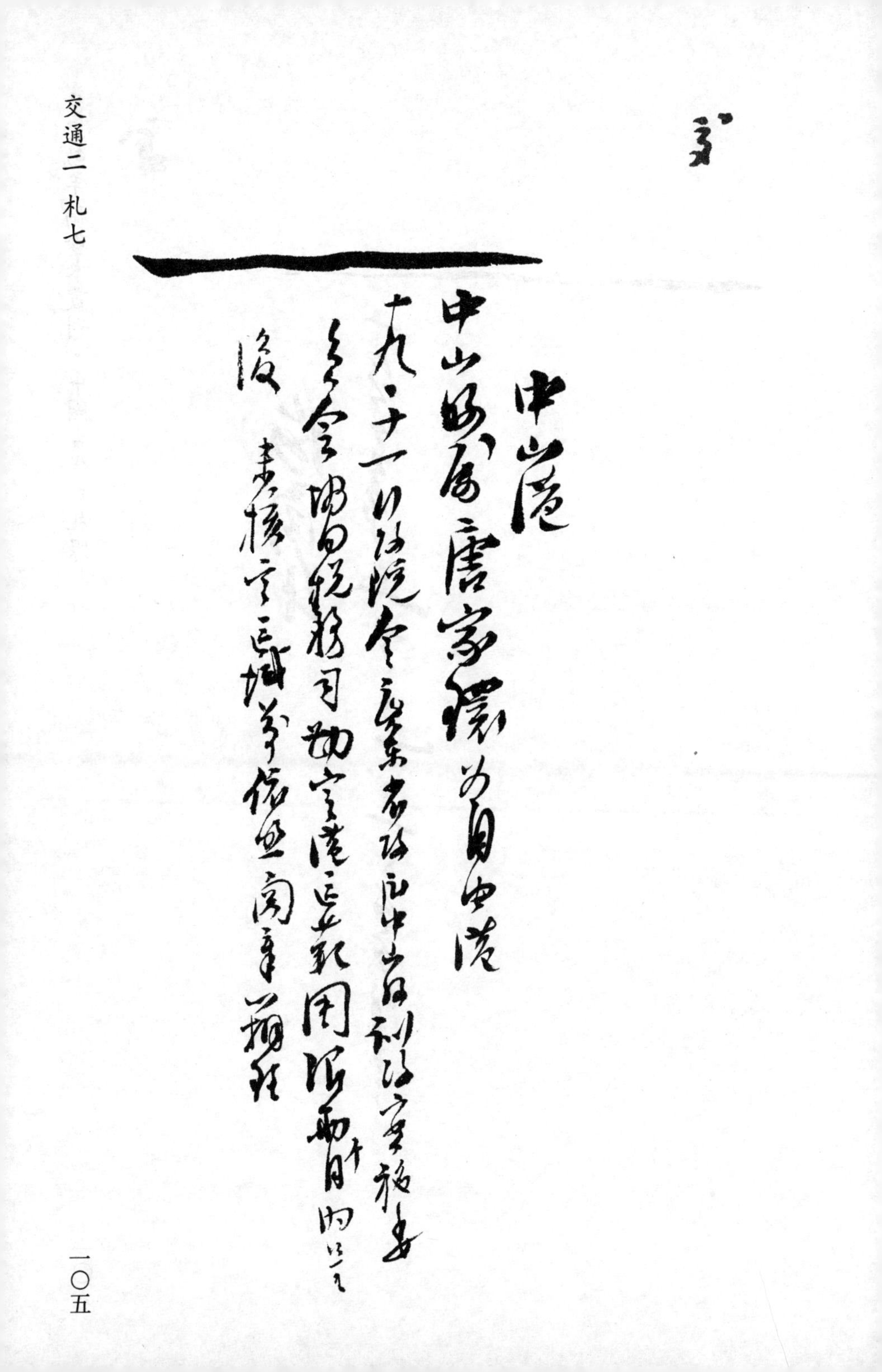

訖

海角作

十九年五月二十二・二一 完了

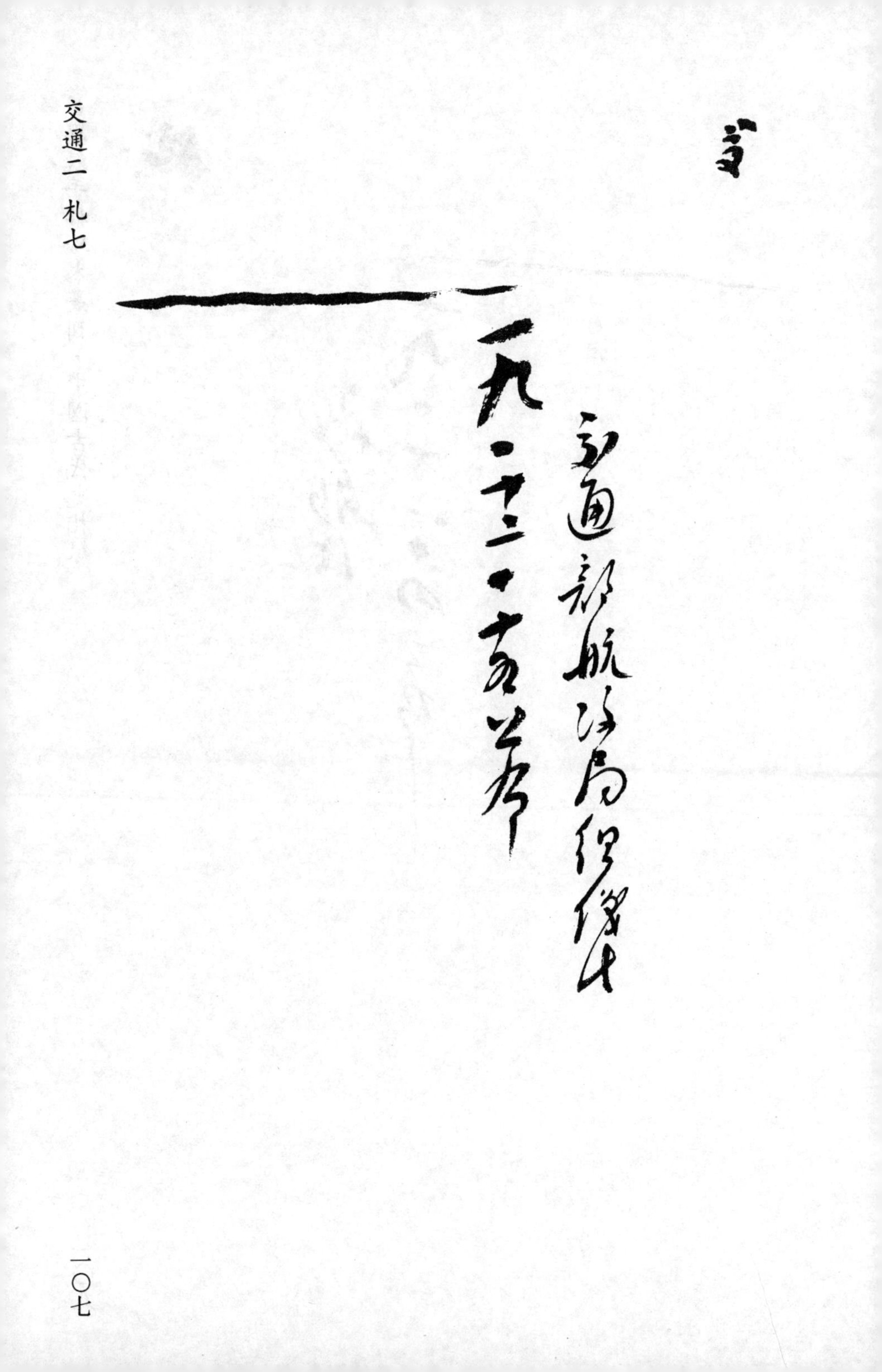

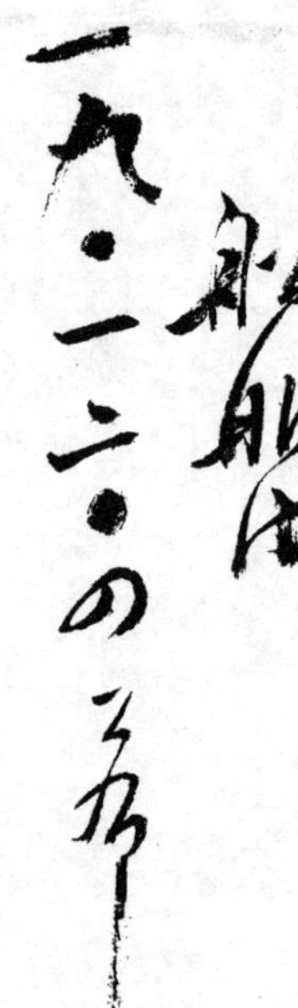

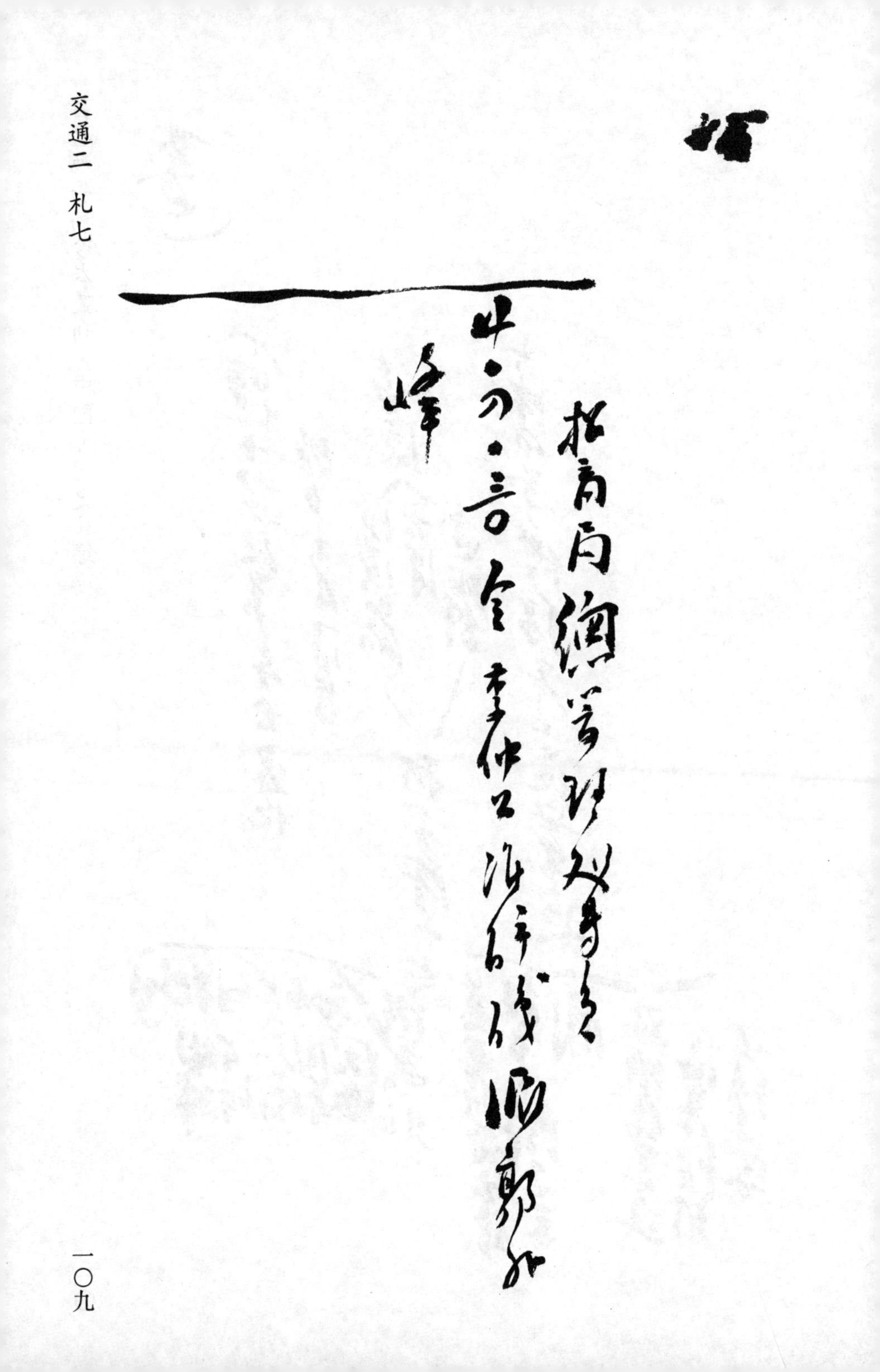

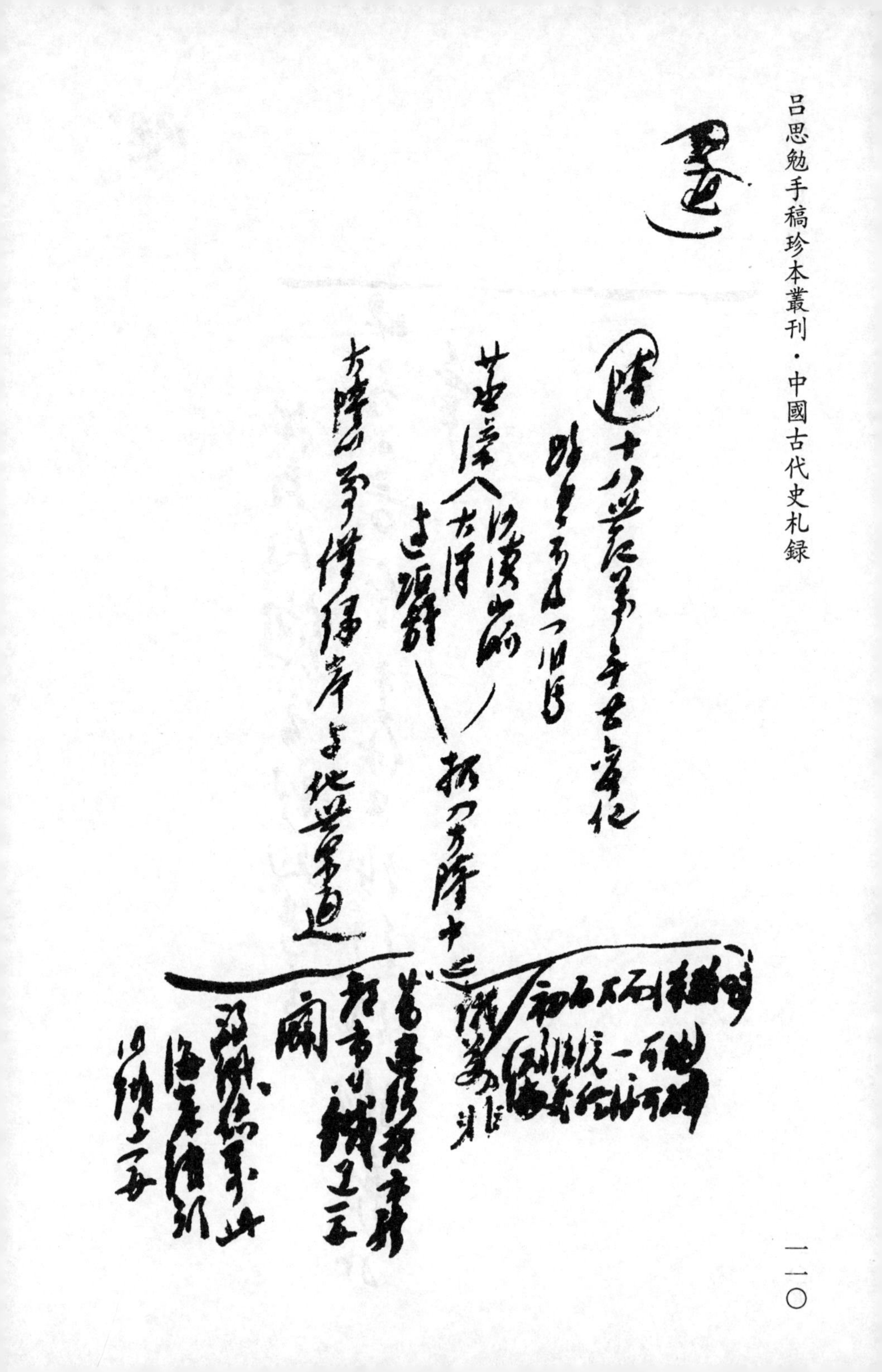

[illegible]

交通

文（庚）

指南車 馬鈞 日本開明後定在宮女手機 輪轉

西洋發現

英國瓦特汽機 1769 乾34

汽船 1870 嘉12

汽車 1825 道5

電報 1837 道17

江南製造總局 同治李 同藩構設 製造槍炮 以

買 造方書 以造砲

初招西人教習教 廣東某始造機器 以教

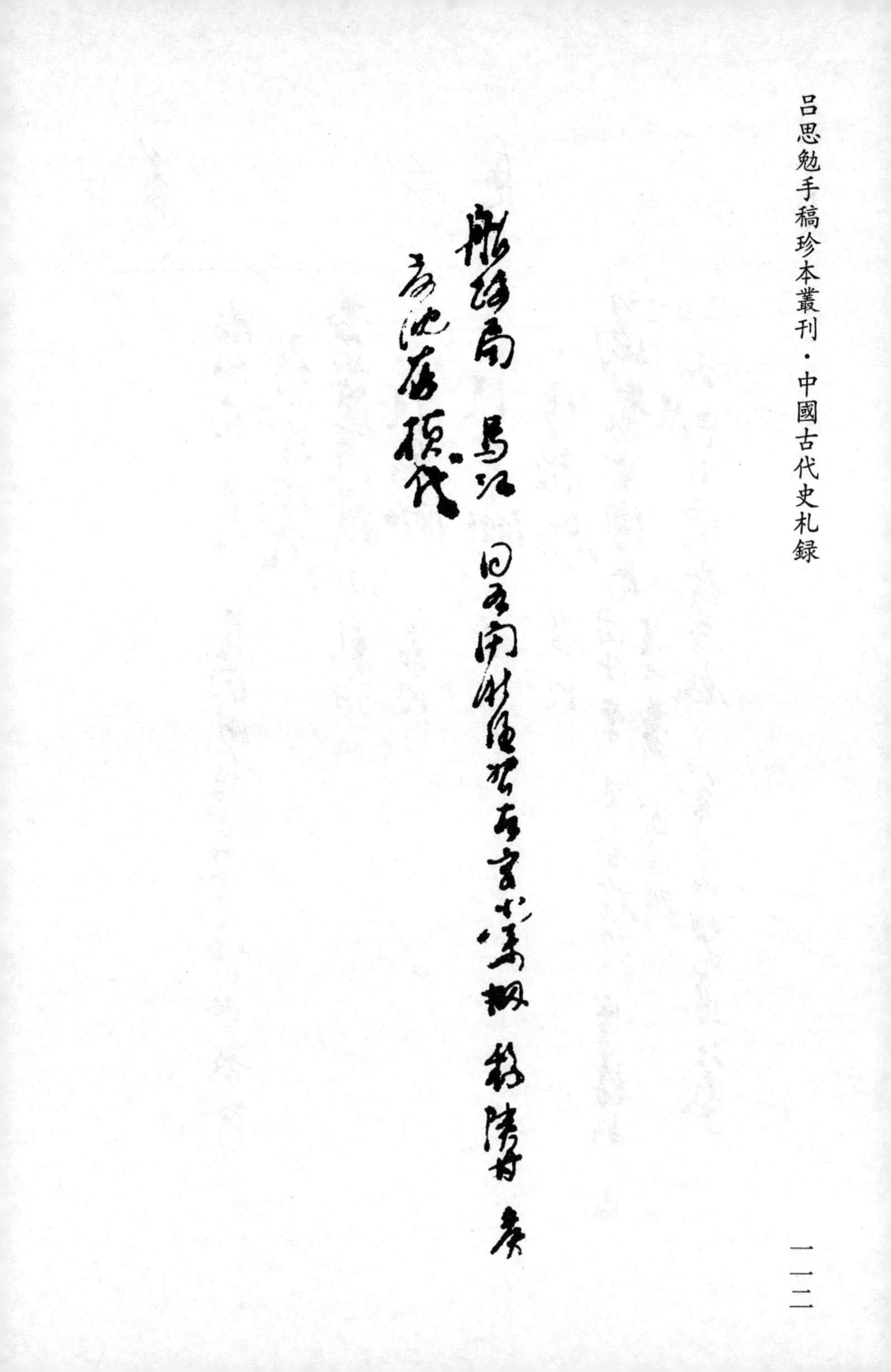

靺鞨南　馬江　自西[illegible]　[illegible]　[illegible]

[illegible]

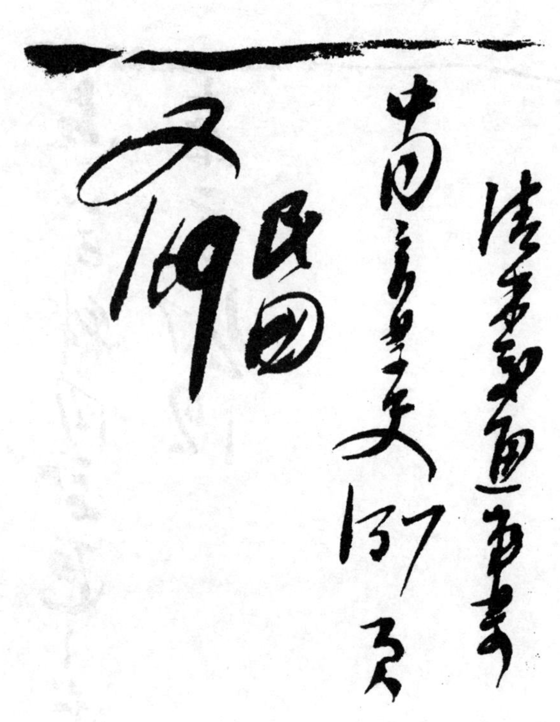

交通

清末民時閩之交通

東方20卷之三号 三十年來之 佐藤想五郎

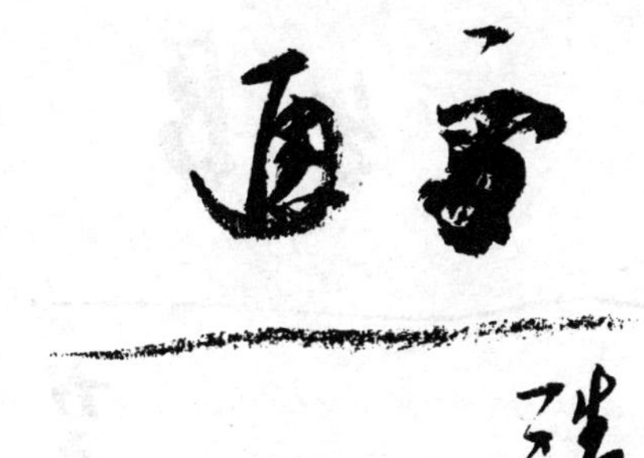

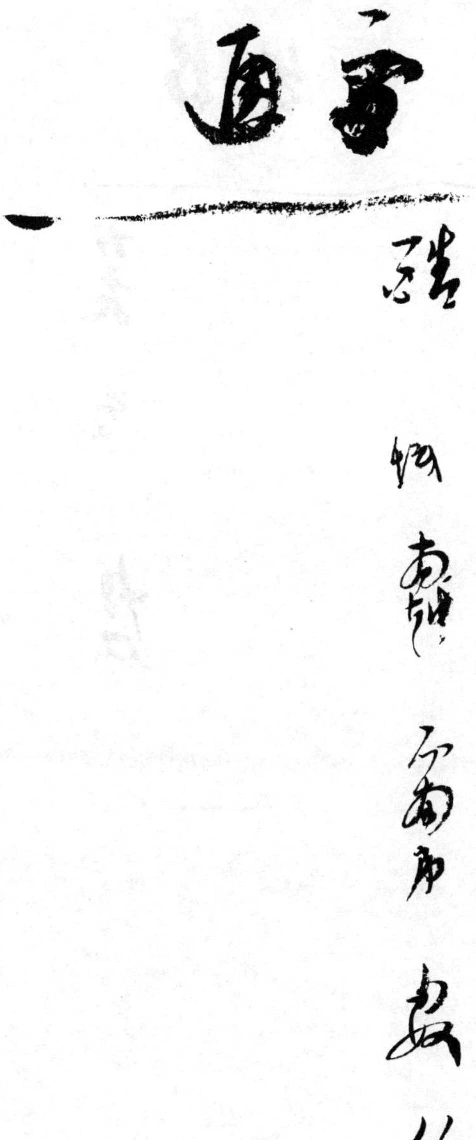

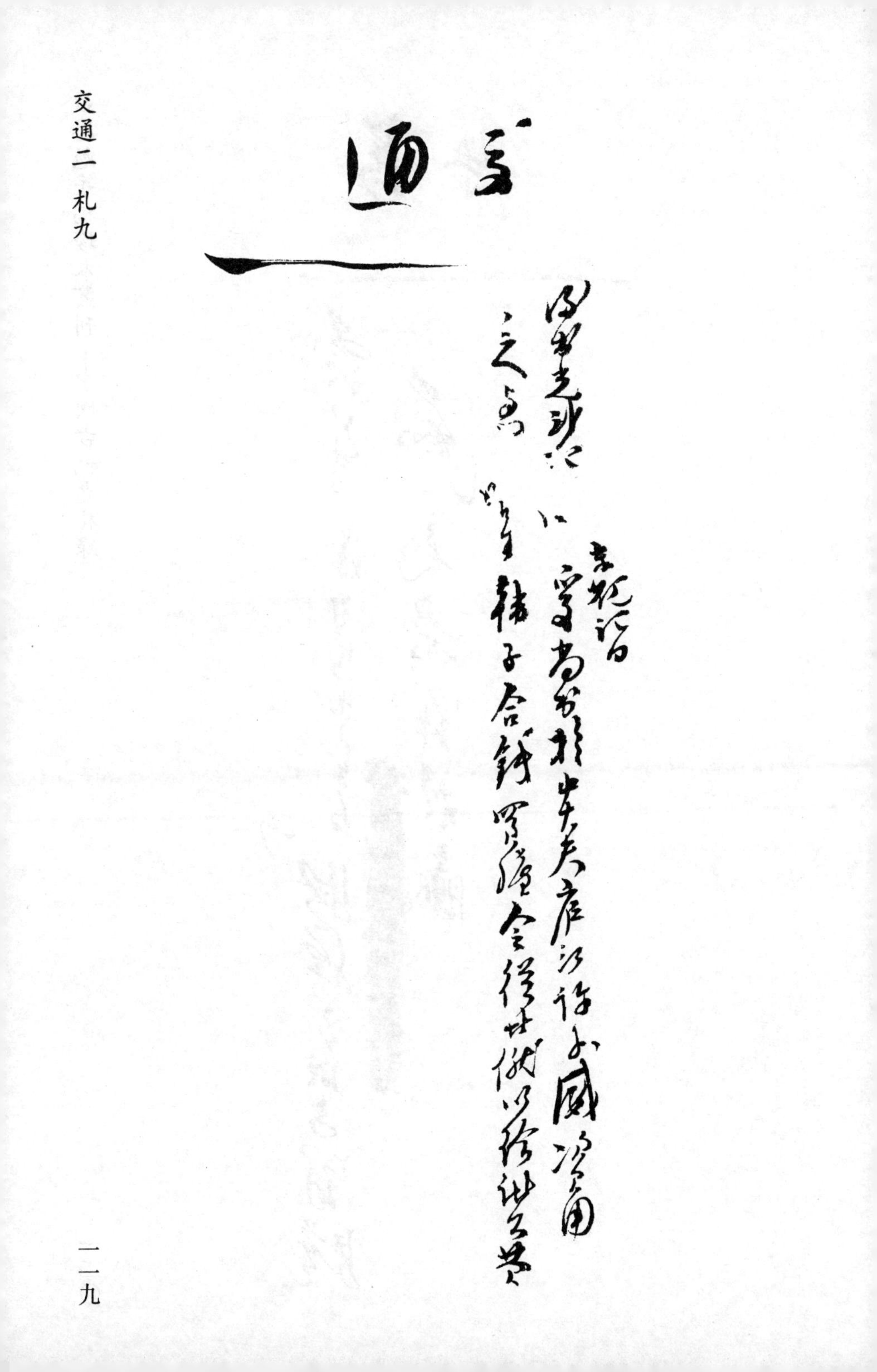

馬牛

史記日者傳 司馬季主 騏驥不能與罷驢

又[illegible]

通家

漢書日者　於傳列[illegible]閩[illegible][illegible]第一宅[illegible]底之事

每[illegible][illegible][illegible]養家[illegible][illegible]常夜守之

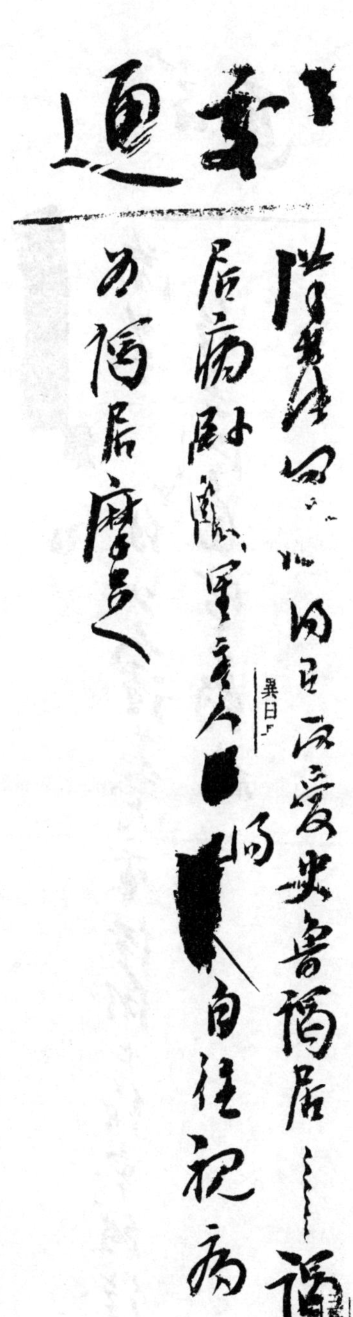

第 通

漢武帝之世始以人證蔡大重經術士雖卑賤往往

從之之官國法物禮

莽即眞尤備大臣抑奪下權朝[illegible]有言其過失者輒拔擢孔仁趙博費興等以敢擊大臣故見信任師古曰費音扶味反擇名官而居之

公卿入宮吏有常數太傅平[illegible]過例掖門僕射苛問不遜師古曰僕射苛問平晏其言不遜戊曹士收繫僕射應劭曰莽自以土行故使太傅置戊曹士士掾也蘇林曰士者曹掾屬公府諸[illegible]之名也師古曰應說是○蕭該曰戊子案春秋說曰土戊也[illegible]曰戊己屬土王莽自以土行音懋莽大怒使執法發車騎數百圍太傅府捕士即時死大司

空士夜過奉常亭亭長[illegible]官名亭長醉曰寧有符傳耶師古曰傳音張戀反士以馬箠擊亭長師古曰箠策也音止橤反亭長斬士亡郡縣逐

之家上書師古曰亭長家上書自治莽曰亭長奉公勿逐大司空邑斥士以謝○劉攽曰前云斬士後云斥士則非斬也疑是斫字國將哀章頗不清莽爲選置和叔

靈帝於宮中西園駕四白驢躬自操轡驅馳周旋以爲大樂於是公卿貴戚轉相放效至乘輜軿以爲騎從互相侵奪賈與馬齊。案易曰時乘六龍以御天行天者莫若龍行地者莫如馬詩云四牡騤騤載是常服檀車煌煌四牡彭彭夫驢乃服重致遠上下山谷野人之所用耳何有帝王君子而親服之乎。遲鈍之畜而今貴之。天意若曰國且大亂賢愚倒植凡執政者皆如驢也其後董卓陵虐王室多援邊人以充本朝胡夷異種跨蹈中國

續漢五行志

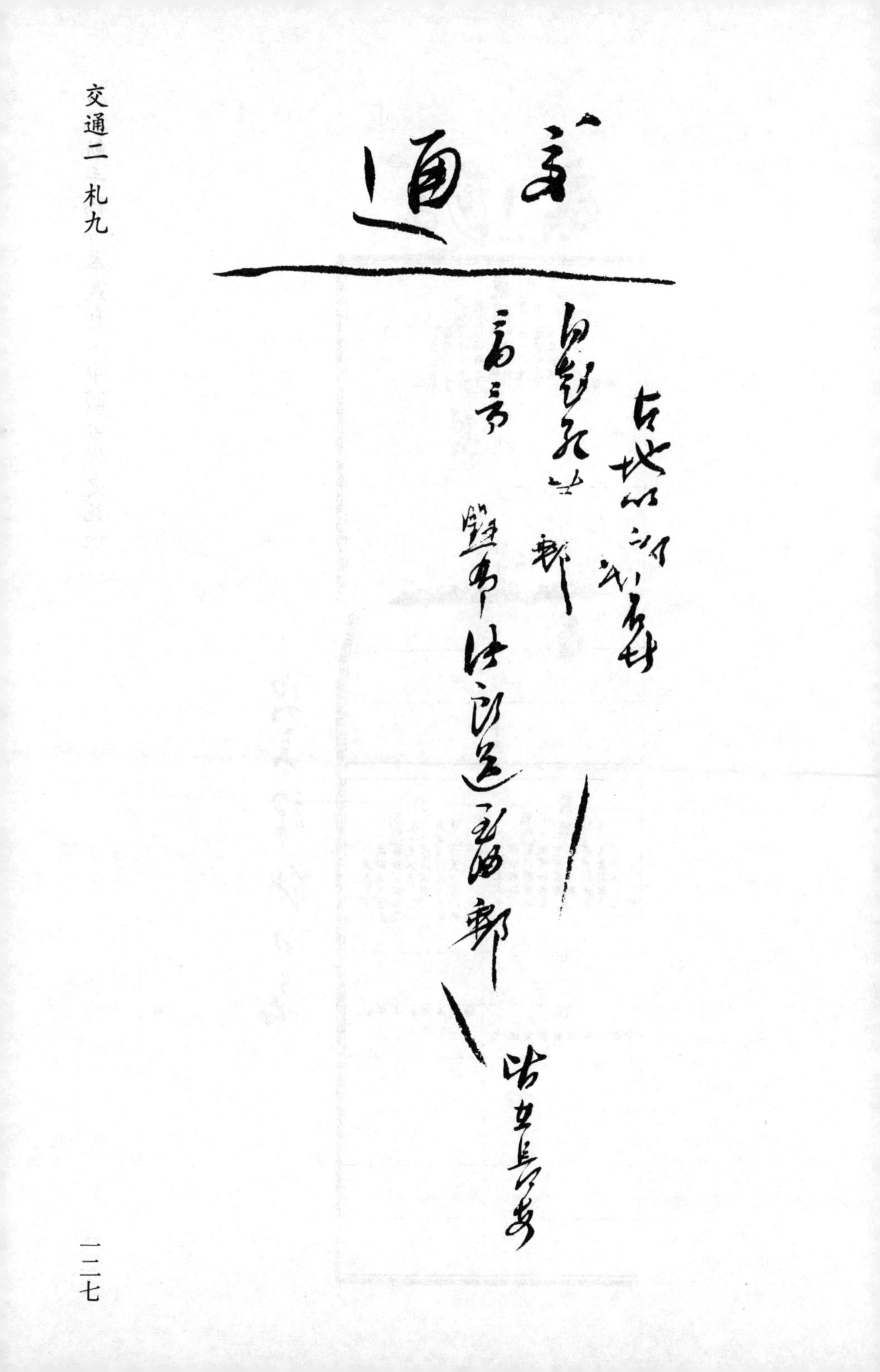

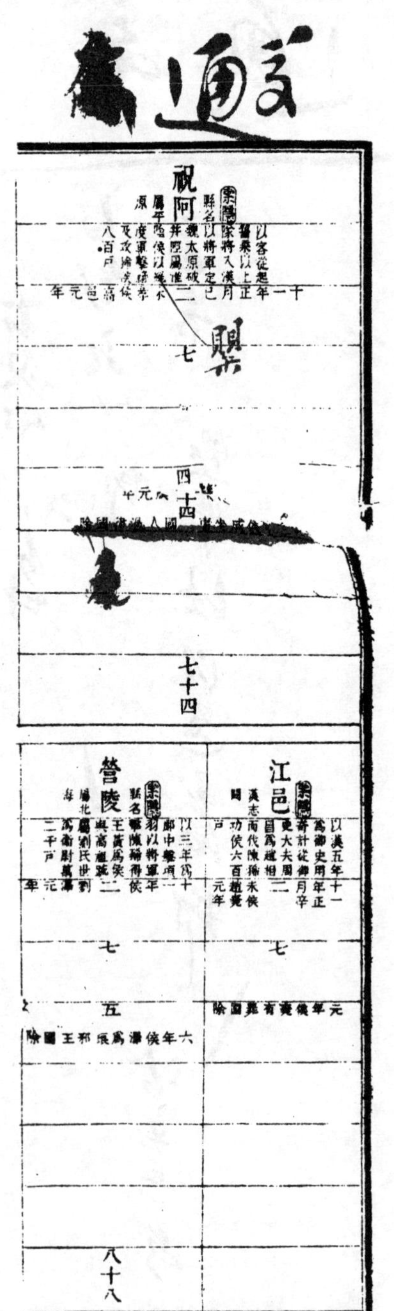

馬政

方亦穿漑渠作者各數萬人歷二三期而功未就費亦各以鉅萬十數（師古曰謂十萬萬也。）天子爲伐胡故盛養馬馬之往來食長安者數萬匹（師古曰食讀曰飤）卒掌者關中不足迺調旁近郡（師古曰調謂選發之也調音徒鈞反 宋祁曰調下當添數字）而胡降者數萬人皆得厚賞衣食仰給縣官又按是二書，關係牧畜者，以横收秦中以勤邊者為最要。
北邊千里無亭隧，於是謀拓地方，守以下令民自言也。
□□令民得畜牧於邊縣，官假馬母三歲而歸，及息什一，以除告緡，
用之不足。
年……於是天子為山東不贍，
赦天下囚，因南方樓船士二十餘萬人擊南越，數萬人發三河以西騎擊
羌，又數萬人度河築令居，初置張掖、酒泉郡，而上郡、朔
方、西河、河西開田官，斥塞卒六十萬人戍田之。中國繕道
餽糧，遠者三千，近者千餘里，皆仰給大農。邊兵不足，乃發
武庫工官兵器以贍之。車騎馬乏絕，縣官錢少，買馬難
得，乃著令，令封君以下至三百石吏以上差出牝馬天下
亭，亭有畜字（牸）馬，歲課息。平準書

作貨布後六年匈奴侵寇甚莽大募天下囚徒人奴名曰豬突豨勇服虔曰豬性觸突人故取以喻師古曰東方名豕曰豨一曰豨豕走也音許豈反壹切稅吏民訾三十而取一又令公卿以下至郡縣黃綬吏皆保養軍馬師古曰保者不許其死傷吏盡復以與民

武帝因文景之畜忿胡粵之害師古曰畜讀曰蓄即位數年嚴助

朱買臣等招徠東甌事兩粵江淮之間蕭然煩費矣師古曰蕭然猶騷然勞動之貌唐蒙司馬相如始開西南夷鑿山通道千餘里以廣巴

蜀巴蜀之民罷焉師古曰罷讀曰疲彭吳穿穢貊朝鮮置滄海郡師古曰彭吳人姓名也本皆荒梗始開通之也故言穿也則燕齊之間靡然發動及王恢謀馬

邑匈奴絶和親侵擾北邊兵連而不解天下共其勞師古曰共讀同干戈日滋行者齎居者送師古曰齎謂將衣食之具以自隨也音子奚反中外騷擾相

乾隆四年校刊

前漢書卷二十四下 食貨志 二十九

奉百姓抏敝以巧法師古曰抏訛也謂摧挫也巧法為巧詐以避法也抏音五官反財賂衰耗而不澹師古曰耗減也澹足也入物者補官出貨者除罪選舉陵夷廉

恥相冒師古曰冒蒙也武力進用法嚴令具興利之臣自此而始師古曰謂桑弘羊東郭咸陽孔僅之屬也其後衛青歲以數萬騎出擊匈奴遂取河南

地築朔方時又通西南夷道作者數萬人千里負擔餽饟師古曰餽亦饋字饟古餉字率十餘鍾致一石師古曰言其勞費用功重散幣於邛僰以輯

之應劭曰邛屬臨邛僰屬犍為晉灼曰僰音蒲北反師古曰本西南夷兩種也邛今邛州也僰今僰道縣也輯與集同謂安定也數歲而道不通蠻夷因以數攻吏發兵誅之○宋祁曰發兵誅之當去

兵字悉巴蜀租賦不足以更之李奇曰不足用終更其事也韋昭曰更續也師古曰二說並非也悉盡也更償也雖盡租賦不足償其功費也更音庚迺募豪民田南夷入粟縣官而內

受錢於都內服虔曰入穀於外縣官而受粟錢於內府也師古曰此說非也都內京師主藏者也百官公卿表大司農屬官有都內令丞也東置滄海郡人徒之費疑於南夷師古曰疑讀曰儗儗謂比也

又興十餘萬人築衛朔方師古曰既築其城又守衛之轉漕甚遠自山東咸被其勞費數十百鉅萬○師古曰數十萬乃至百萬萬○宋祁曰數十下當添萬字府庫並虛

之而已不敢言擅賦法矣（[illegible]一作經經常也 [illegible]不[illegible]經常法則矣）其明年元封元年卜式貶秩爲太子太傅而桑弘羊爲治粟都尉領大農盡代僅筦天下鹽鐵弘羊以諸官各自市相與爭物故騰躍而天下賦輸或不償其僦費（索隱服虔謂載云僦言所輸物不足償其雇載之費也僦音子就反）乃請置大農部丞數十人分部主郡國各往往縣置均輸鹽鐵官令遠方各以其物貴時商賈所轉販者爲賦而相灌輸置平準于京師都受天下委輸召工官治車諸器皆仰給大農大農之諸官盡籠天下之貨物貴即賣之賤則買之如此富商大賈無所牟大利（集解如淳曰牟取也）則反本而萬物不得騰踊故抑天下物名曰平準天子以爲然許之於是天子北至朔方東到太山巡海上並北邊以歸所過賞賜用帛百餘萬匹錢金以巨萬計皆取足大農弘羊又請令吏得入粟補官及罪人贖罪令民能入粟甘泉各有差以復終身不告緡他郡國各輸急處（索隱謂他郡能入粟而諸農各輸所在急要之處也）而諸農各致粟山東漕益歲六百萬石一歲之中太倉甘泉倉滿邊餘穀諸物均輸帛五百萬匹民不益賦而天下用饒於是弘羊賜爵左庶長黃金再百斤焉是歲小旱上令官求雨卜式言曰縣官當食租衣稅而已今弘羊令吏坐市列肆（索隱謂吏坐市肆行列之市）販物求利亨弘羊天乃雨

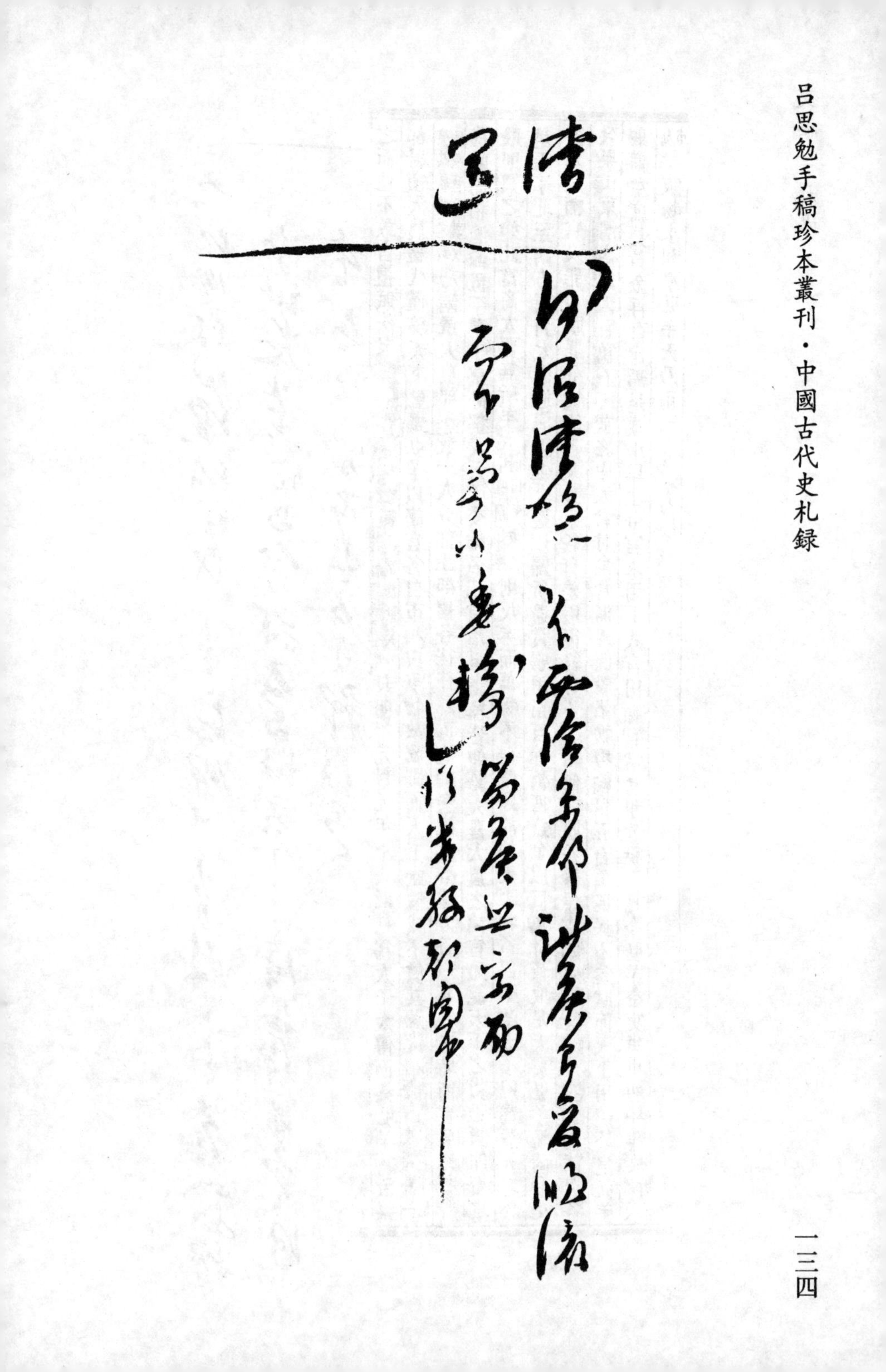

膠東也趙分爲六師古曰謂趙平原眞定中山廣川河間也梁分爲五師古曰謂梁濟川濟東山陽濟陰也淮南分爲三師古曰謂淮南衡山廬江皇子始立者大國不過

十餘城長沙燕代雖有舊名皆亡南北邊矣如淳曰長沙之南更置郡燕代以北更置緣邊郡其所有饒利兵馬器械三國皆失之也景遭七國之難抑損諸侯

減黜其官師古曰謂改丞相曰相省御史大夫廷尉少府宗正博士損大夫謁者諸郎長丞員等也武有衡山淮南之謀作左官之律服虔曰仕於諸侯爲左官絕不得使仕於王侯也應

劭曰人道上右今舍天子而仕諸侯故謂之左官也師古曰左官猶言左道也皆僻左不正應說是也漢時依上古法朝廷之列以右爲尊故謂降秩爲左遷仕諸侯爲左官也設附益之法張晏曰律鄭氏說封諸侯

過限曰附益或曰阿媚王侯有重法也師古曰附益者蓋取孔子云求也爲之聚斂而附益之之義也皆背正法而厚於私家也諸侯惟得衣食稅租不與政事師古曰與讀曰豫至於哀

平之際皆繼體苗裔親屬疏遠師古曰言非始封之君皆其後裔也故於天子益疏遠矣生於帷牆之中不爲士民所尊勢與富室亡異而本朝

乾隆四年校刊　　漢書卷十四　　世系表　　六

短世國統三絕師古曰謂皆早崩是故王莽知漢中外殫微本末俱弱師古曰殫盡也音單亡所忌憚生其姦心因母后之權

假伊周之稱顓作威福不降階序而運天下師古曰序謂東西階顓與專同作謀既成遂據南面之尊分遣五威之吏馳

傳天下班行符命漢諸侯王厥角䭐首應劭曰厥者頓也角者額角也稽首首至地也言王莽漸漬威福日久亦值漢之單弱王侯見莽篡弒莫敢怨望皆頓角稽首至地而上其璽綬也晉灼

曰厥猶豎也叩頭則額角豎師古曰應說是也䭐音口禮反與稽同奉上璽韍惟恐在後師古曰韍音弗璽之組也或乃稱美頌德以求容媚豈不哀哉是以究其

終始彊弱之變明監戒焉

郊祀

而五利將軍使不敢入海之泰山祠上使人隨驗實毋所見五利妄言見其師其方盡多不讎（師古……其言……云祀應為讎謂不相應無驗也）上乃誅五利其冬公孫卿候神河南言見僊人跡緱氏城上有物如雉往來城上天子親幸緱氏城視跡問卿得毋效文成五利乎卿曰僊者非有求人主人主者求之其道非少寬假神不來言神事事如迂誕積以歲乃可致也於是郡國各除道繕治宮觀名山神祠所以望幸也

[illegible]人以千數

封禪書略同

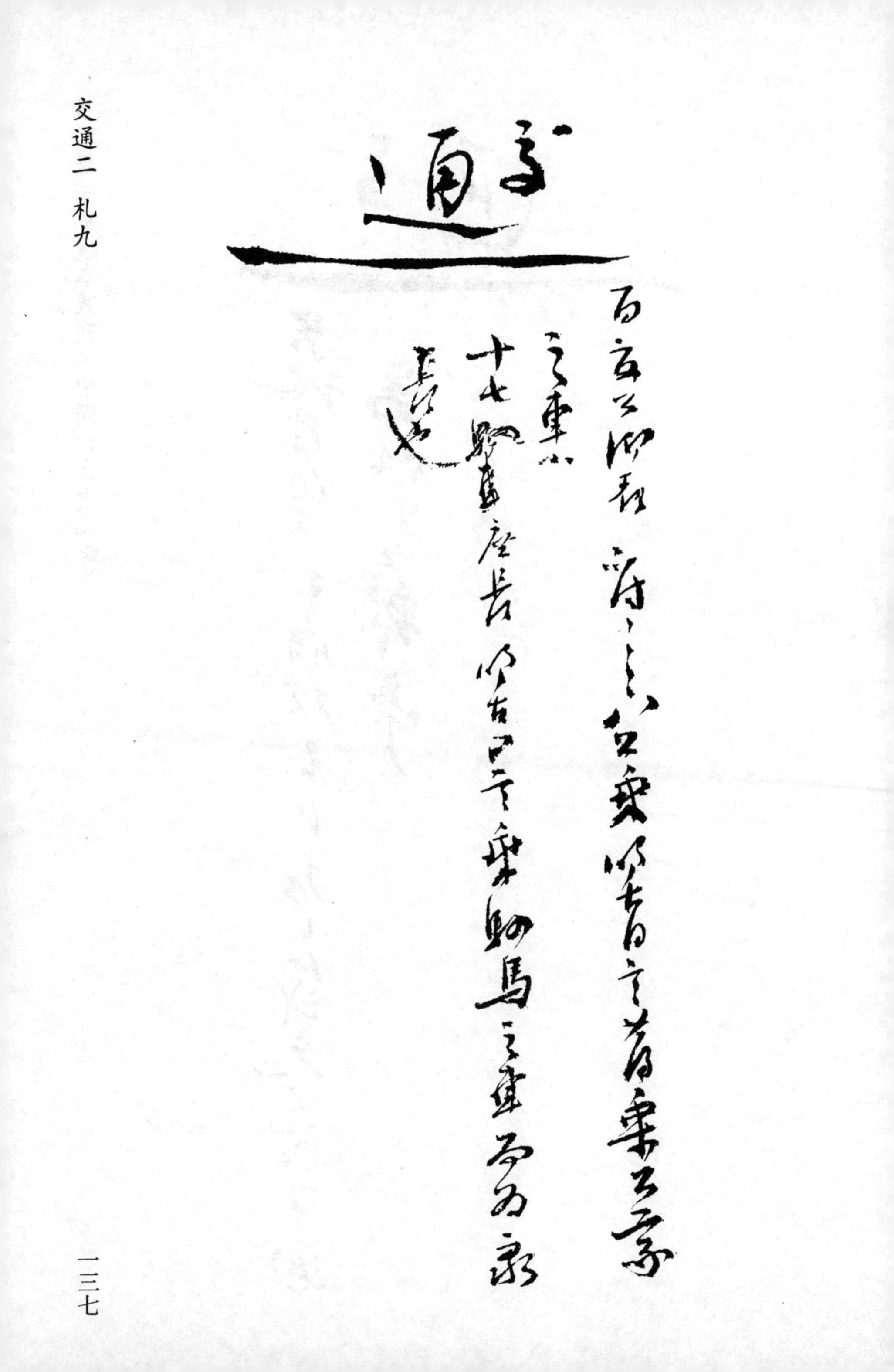

四年夏立太子立皇子徹為膠東王六月甲戌赦天下後九月更以弋陽為陽陵【正義】括地志云漢景帝陵也在雍州咸陽縣東三十里按杜作弋陵也復置津關用傳出入【集解】應劭曰文帝十二年除關無用傳至此復用傳以七國新反備非常【索隱】張晏曰傳信也若今過所也如淳曰兩行書繒帛分持其一出入關合之乃得過謂之傳【索隱】傳音丁戀反冬以趙國為邯鄲郡【集解】駰案地理志[illegible]

六年春封中尉趙綰為建陵侯【正義】括地志云建陵故城在沂州承縣界江都丞相嘉為建平侯【集解】徐廣曰姓程隴西太守渾邪為平曲侯【正義】括地志云平曲縣故城在瀛州文安縣北七十里趙丞相嘉為江陵侯【集解】徐廣曰姓蘇故將軍布為鄃侯梁楚二王皆薨後九月伐馳道樹殖蘭池【集解】徐廣曰殖一作

遺

遠德故憪然念外人之有非【集解】[illegible]林云[illegible]漢書音義曰憪然猶介然也非奸非也【索隱】蘇[illegible]反憪不安之貌蓋近其意餘說皆疎音下故反是以設備未息今縱不能罷邊

屯戍而又飭兵厚衛其罷衛將[illegible]太僕見馬遺財足【索隱】遺猶留也財字與纔同言太僕見在之馬今留纔足充事也餘皆以給置傳【索隱】按廣雅云置驛也續

漢書云驛馬三十里一置[illegible]云傳置一也言乘傳者以傳次受名乘置者以馬取[illegible]四傳音丁戀反

[illegible]反如淳云律四馬高足爲傳[illegible]中足爲乘置下足爲乘傳一馬二馬爲軺置急乘一馬曰乘也

正月上曰農天

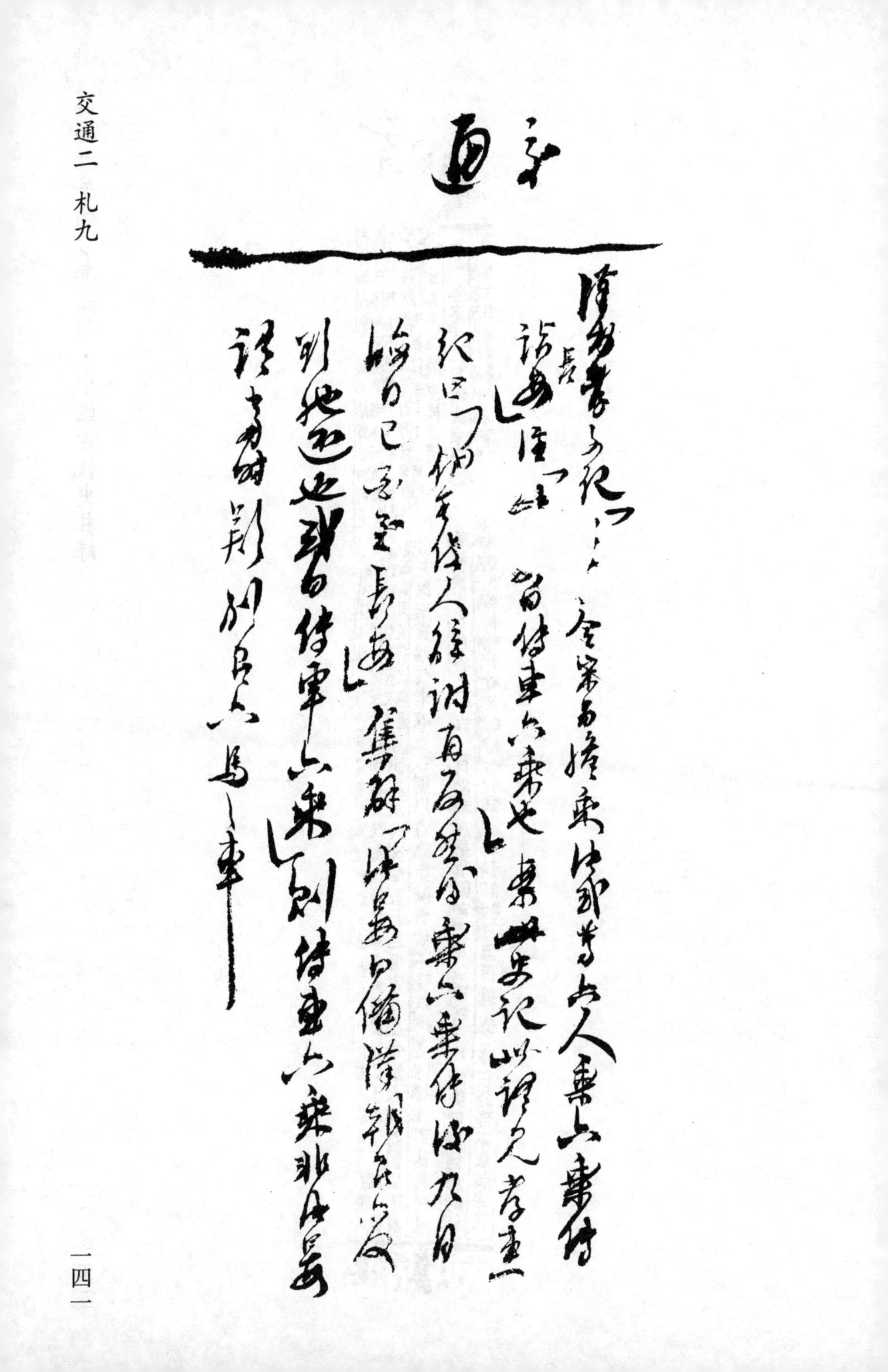

者其舞人執干戚文始舞執羽籥五…
文始示不相襲五行舞本周武舞秦…
定天下既示不相襲其作樂之始生…
居先次即奏五行五行即武舞執…
遠方集解張晏曰孝文十二年…除關不用傳令遠近若…
十二年冬十二月河決東郡
若今過所也如淳曰兩行…也師古曰張說是也古者…

舞法五行色見禮樂志集解應劭云禮樂志文始舞本舜韶舞高祖更名
皇更名五行舞按今言奏武德文始五行之舞者其樂總象武王樂言高祖以征
文始以羽籥衣文繡服而衣有五行之色也孝惠廟酎奏文始五行之舞孝文皇帝臨天下通關梁不異
誘去肉刑賞賜長老收恤孤獨以育羣生減嗜欲不受獻減一作滅集解徐廣曰不私其利也
賜諸侯王女邑各二千戶二月出孝惠皇帝後宮美人令得嫁三月除關無用傳張晏曰傳信也
以…持其一出入關合之乃得過謂之傳也李奇曰傳棨用縑帛裂者刻木為合符也傳音張戀反棨音啓詔曰道民之路在於務本朕親率天

交通

始皇紀三十五年除道之九原抵雲陽塹山堙谷直通
之乃營作朝宮上林苑中先作前殿阿房……周馳
為閣道自殿下直抵南山表南山之顛以為闕為復
道自阿房渡渭屬之咸陽以象天極閣道絕漢抵營
室

初作此條

古史考之紀明著五十年二節以核其

同時所見諸書證以當前之稿律核也

賜黔首里六石米二羊始皇爲

微行咸陽【集解】張晏曰若微賤之所爲故曰微行也與武士四人俱夜出逢盜蘭池【集解】駰案地理志渭城縣有蘭池宮【正義】括地志云蘭池陂即古之蘭池在咸陽縣界秦記云始皇都長安引渭水爲池築爲蓬瀛刻石爲鯨長二百丈逢盜之處也見窘武士擊殺盜關中大索二十日米石千六百

三十二年始皇之碣石使燕人盧生求羨門【集解】韋昭曰古仙人高誓【正義】亦古仙人刻碣石門【集解】徐廣曰一作盟壞城郭決通隄防其辭曰【正義】此一頌三句爲韻遂興師旅誅戮無道爲逆滅息武殄暴逆文復無罪【集解】徐廣曰復一作優【正義】復音福言秦以武力能殄息暴逆以文諭道令無罪失故復除之庶心咸服惠論功勞賞及牛馬恩肥土域皇帝奮威德并諸侯初一泰平墮壞城郭【正義】墮音許規反壞音怪墮毀也壞坼也言始皇毀坼關東諸侯舊城郭也夫自顏曰壞音戸怪反決通川防夷去險阻地勢既定黎庶無繇【正義】音遙天下咸撫男樂其疇女修其業事各有序惠被諸產久並來田【集解】徐廣曰久一作

馳道

二十七年始皇巡隴西【正義】隴西今隴右 北地【正義】今寧州也 出雞頭山【集解】括地志云雞頭山在成州上祿縣東北二十里在京西南
九百六十里酈元云蓋大隴山異名也後漢書隗囂傳云王莽
塞雞頭卽此也按原州高平縣西百里亦有
笄頭山在京西北八百里黃帝雞山之所 過回中焉【集解】應劭曰回中在安定高平孟康曰回中在北地【正義】括地志云
回中宮在雍州西四十里言始皇欲西巡隴西之北從咸陽向西北
出寧州西南行至成州出雞
頭山東還過岐州回中宮 作信宮渭
南已更命信宮為極廟象天極【索隱】為宮廟象天極故曰極廟
天官書曰中宮曰天極是也 自極廟道通酈山
作甘泉前殿築甬道【集解】應劭曰築垣
牆如街巷【正義】築音竹甬音勇 自咸陽屬之是歲賜爵一級治馳道【集解】應劭曰
牆天子於中行外人不見 馳道天子道
地道若今之中道也漢書賈山傳曰
天下東窮燕齊南極吳楚江
湖之上濱海之觀畢至道廣五十
步三丈而樹厚築其外隱以金椎樹以青松

為趙王。漢王軍滎陽南，築甬道，〔集解〕應劭云恐敵鈔輜重，故築垣牆如街巷。〔索隱〕甬音勇。韋昭云起土築牆，中間為道。屬之河，以取敖倉。〔正義〕孟康云敖地名，在滎陽西北山上，臨河有大倉。太康地理志云秦建敖倉於成皋。與項羽相距歲餘。項羽數侵奪漢甬道，漢軍乏食，遂圍漢王。漢王請和，割滎陽以西者為漢。項王不聽。漢

交通

梓之

[illegible]

漢書平帝紀注如淳曰律四馬高足為置傳四馬中足為馳傳四馬下足為乘傳一馬二馬為軺傳急者乘一乘傳師古曰傳者若今之驛古者以車謂之傳車其後又單置馬謂之驛騎

又八年[illegible]

[illegible]乘騎馬

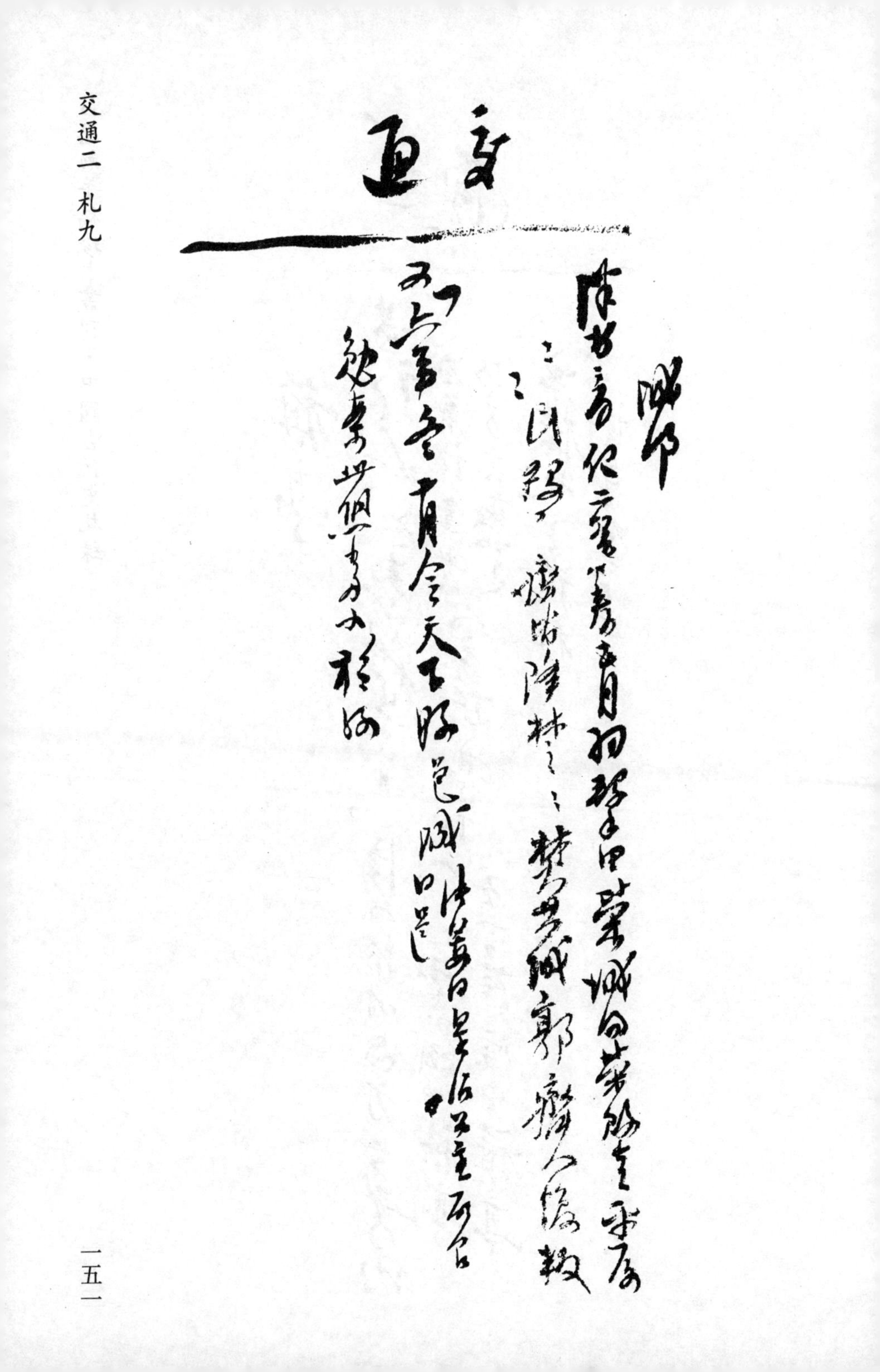

一手

週

旗亭

史記日者列傳褚先生曰一臣為郎時與方士[illegible]

正義[illegible]年老 今旗亭下一[illegible]曰旗亭

而方士最[illegible]也 [illegible]旗亭

市樓也 立旗於上

故取名焉

馬改

従前より是迄御中の上ヲ御当時大借奉拝借馬高四尺九寸以上

歳未平常　出関ヽ御役所御役之馬十歳以下

平

中来ル八日因州入番内到来又郎取替馬　大唐渡借

往来供馬仰付三十六頭外出並ヽ以前万覚

右如斯之旁人答馬二十疋迄

馬

平侯
遂
濟北式王子
十月癸酉封四年元狩元年坐知人盜官母馬為臧會赦復作 師古曰有人盜馬為臧受之雖會赦猶復作復作者徒役也復音扶目反

陳留長孫武以百人賦名物以表果胡僕任三兩千太始の曰

生書馬一匹價錢十五萬更平減五千已上分

交通

曹相國世家第二十四

平陽侯曹參者【正義】晉州城即平陽故城也沛人也【集解】張華曰曹參字敬伯【索隱】地理志云平陽縣屬河東春秋緯及博物志並云曹參字敬伯【正義】按沛今徐州縣也秦時爲沛獄掾而蕭

何爲主吏居縣爲豪吏矣高祖爲沛公而初起也參以中涓從【集解】駰案漢書音義曰中涓如中謁者【索隱】涓音古玄反將擊胡陵【正義】縣名在方與南方與【索隱】

地理志二縣皆屬山陽【正義】胡陵在方與之南方音房與音預攻秦監公軍【集解】駰案漢書音義曰監御史監郡者公名秦一郡置守尉監三人【索隱】本紀泗川監名平則平是名公爲相尊之稱大破之

東下薛擊泗水守軍薛郭西陵取之徙守方與方與反爲魏擊之【正義】曹參擊方與豐反爲魏攻之【索隱】時雍齒守豐爲魏反沛公賜爵

七大夫擊秦司馬𡰥【正義】音夷[illegible]軍碭東破之取碭狐父【集解】徐廣曰伍被曰吳王兵敗於狐父【索隱】地理志碭屬梁國狐父地名在梁碭之閒徐氏引伍被云吳濞敗於狐父是吳與梁相拒而敗處【正

義】括地志云狐父亭在宋州碭山縣東南三十里祁善置【集解】文穎曰善置置名也晉灼曰祁音坻[illegible]曰漢祁縣曰置善名也【索隱】司馬彪郡國志穀熟有祁亭劉氏音遲又如字善置置名漢爲驛置館【正義】括地志云故祁城在

道

侯共食鍾離【索隱】地理志縣城在陳州南⋯⋯荼如字讀易水名因以爲縣括地志云易縣故城在幽⋯⋯道故賈山傳云秦爲馳道東窮燕齊也賜爵列侯剖符世世勿絕食絳八千一百八十戶號絳侯【正義】括地志云絳邑城漢絳縣在絳州曲沃縣南二里或以爲秦之舊馳道也以將

九江古鍾離子國【正義】括地志云穎陽故北鍾離故城在濠州鍾離縣東北五里以將軍從高帝擊反者燕王臧荼破之易下【索隱】酈謂破荼軍於易水之下言近水也【正義】⋯⋯縣東南十五里燕桓侯所徙都臨易是也所將卒當馳道爲多【索隱】小顏以爲高祖所行之道或以馳道爲秦之馳

正路橫絕之城，而將卒當此道爲多也。絳侯周勃世家

所當者高祖所行之處，則以此道稱之乘輿所下

勃將■■擊兵當此道之故耶

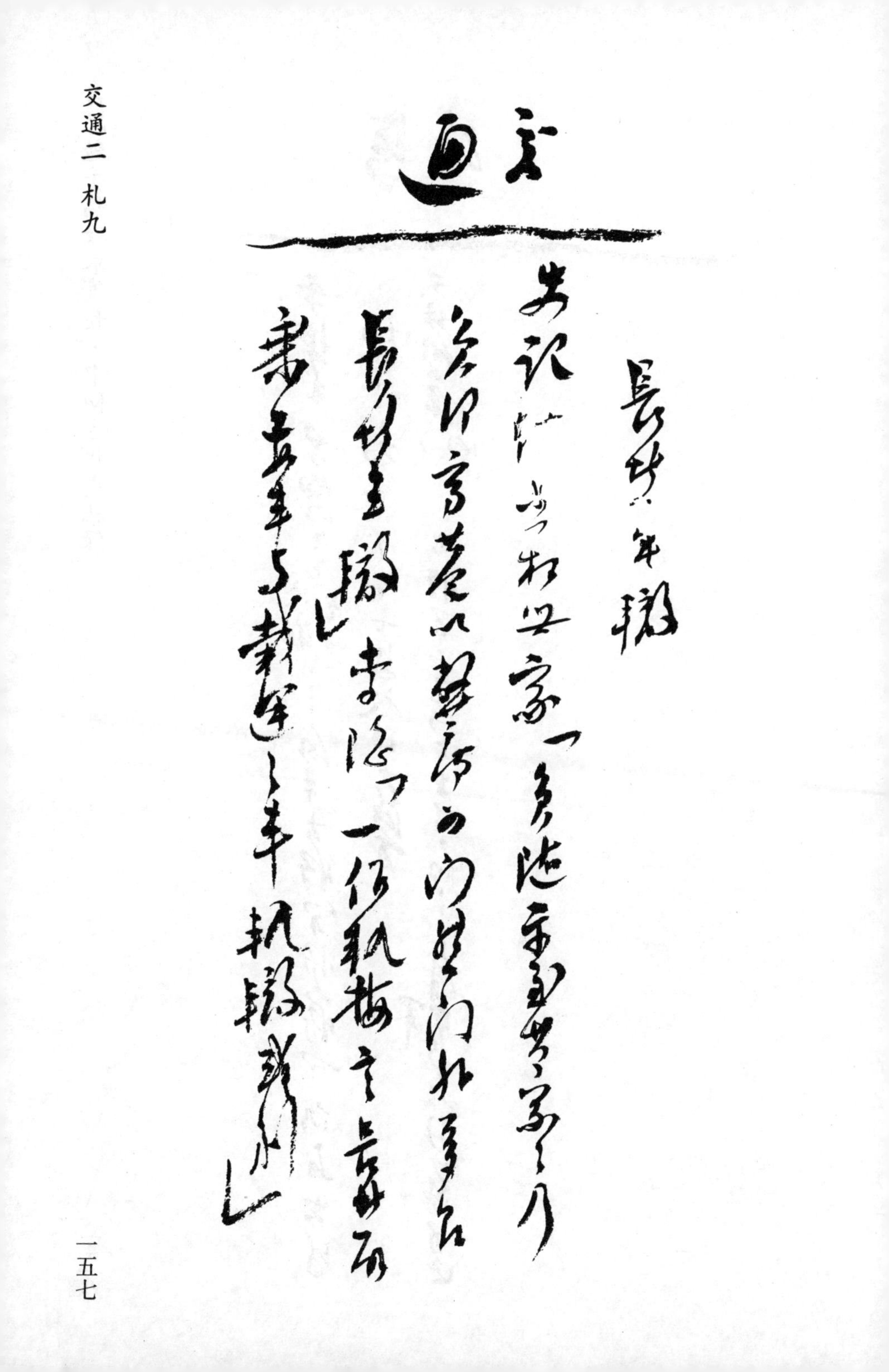

馬政

車騎[illegible]之初[illegible]年大將軍驃騎將軍所出擊

胡[illegible]馬十[illegible]死十餘萬

大將軍驃騎大出擊胡[illegible]軍馬死者十餘萬匹也

文[illegible]之

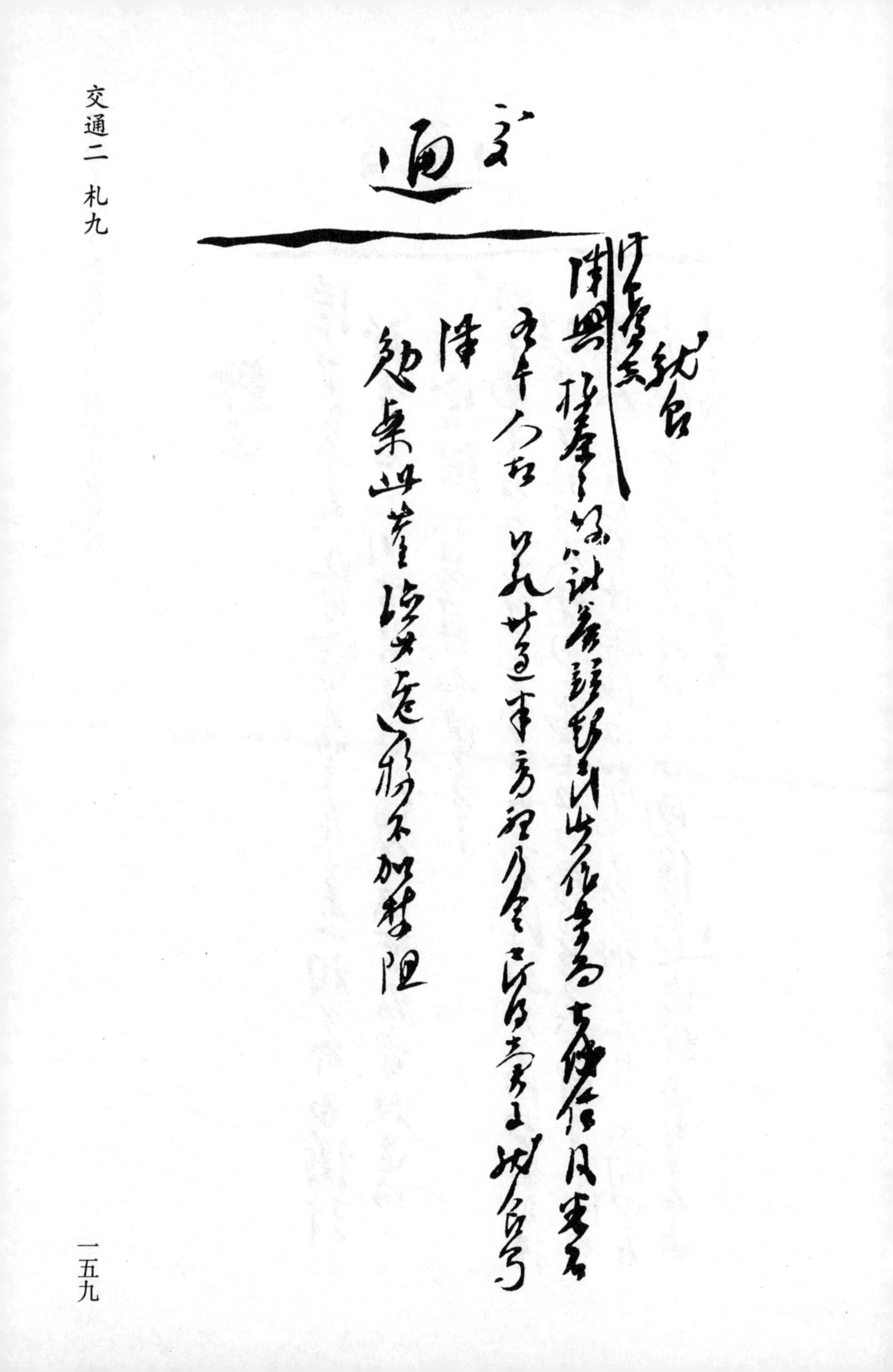

復道

馳道

漢書[illegible]作馳[illegible]祠[illegible]而議封

禪書曰[illegible]倒[illegible]馳道[illegible]宮[illegible]馳道[illegible]

後宮館殿共具而望幸

又明年西[illegible]而[illegible]（復道）天子[illegible]山[illegible]漢數[illegible]天子[illegible]樓

殿二十餘萬人（輔[illegible]三[illegible]以[illegible]萬人[illegible]

華[illegible]而[illegible]糧[illegible]取郎[illegible]郎朝[illegible]而[illegible]

自[illegible]萬人（[illegible]中國[illegible]道[illegible]二千[illegible]

[illegible]千[illegible]里[illegible]作[illegible]

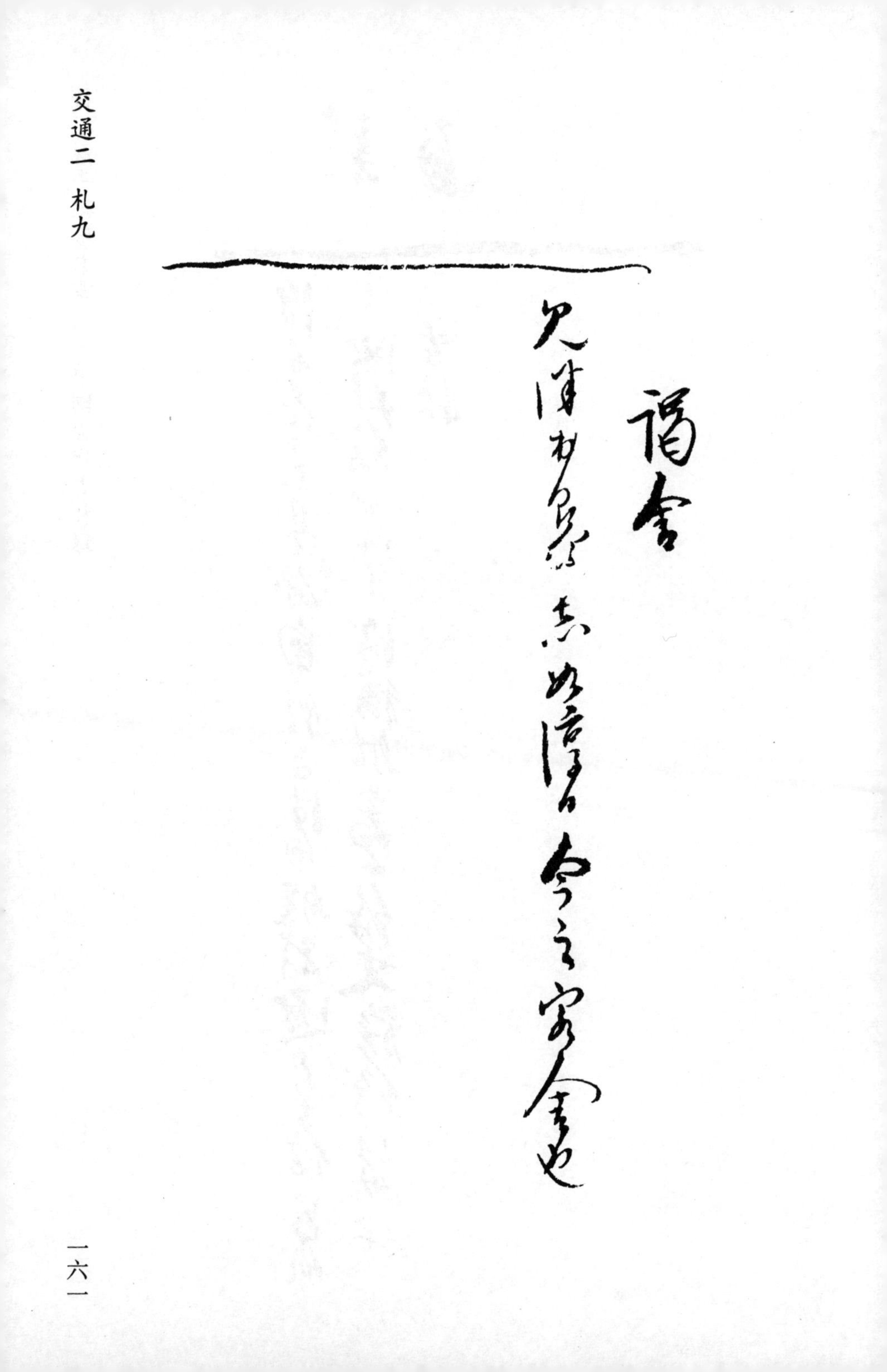

通考

陳自侯景亂東西與周齊戰爭凡十餘歲
地利殫盡以之以橫斂商稅文旅錢加兵上
甚壯

高三王德傳無窮今大王見高皇帝得天下之易也獨不觀近世之吳楚乎夫吳王賜號爲劉氏祭酒（集解應劭曰禮飲酒必祭示有先也故稱祭酒）

（傳）也復不朝王四郡之衆地方數千里內鑄消銅以爲錢東煮海水以爲鹽上取江陵木以爲船一船之載當中國數十兩車國

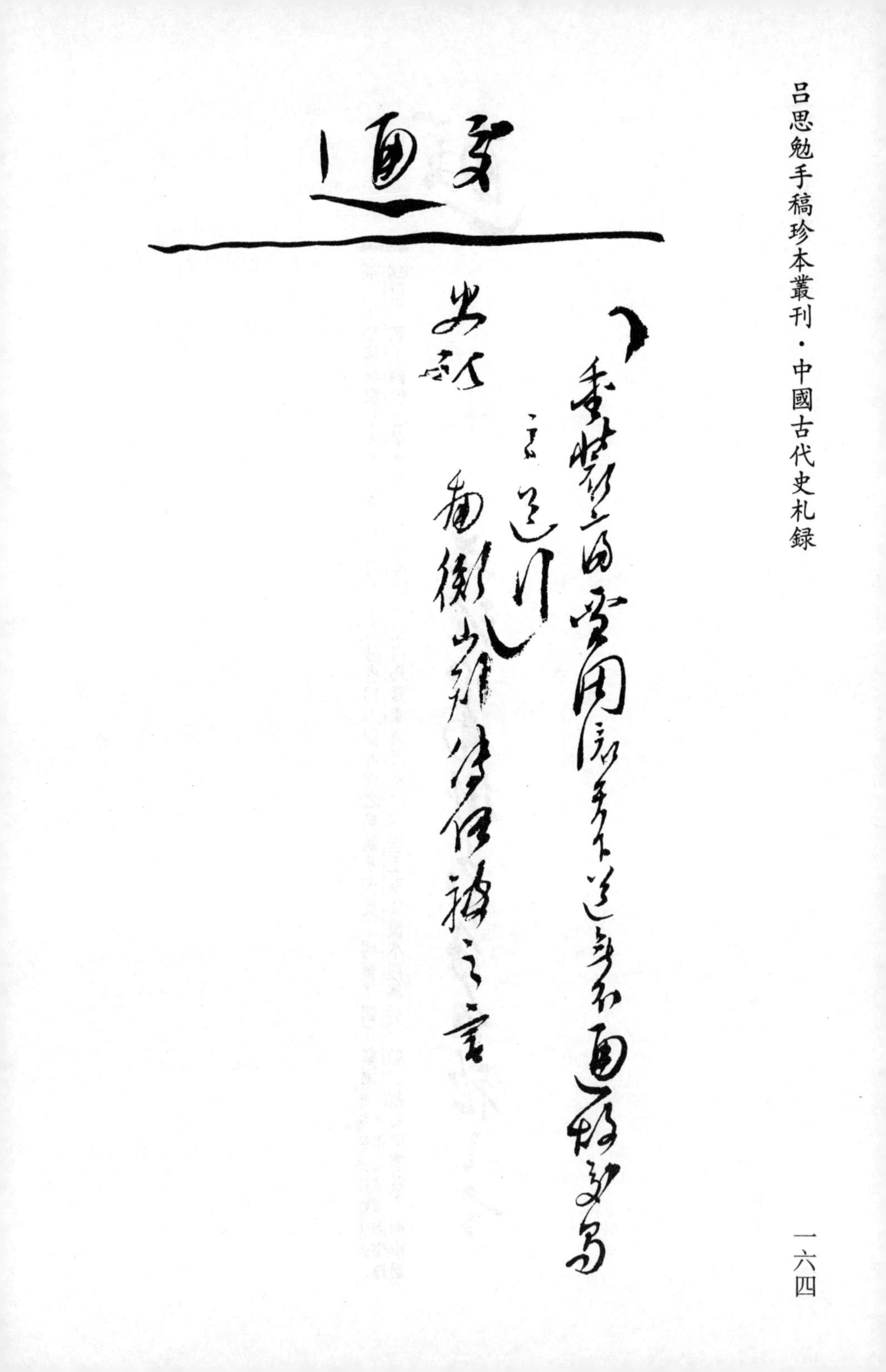

西夏

「[illegible]

[illegible]

[illegible]

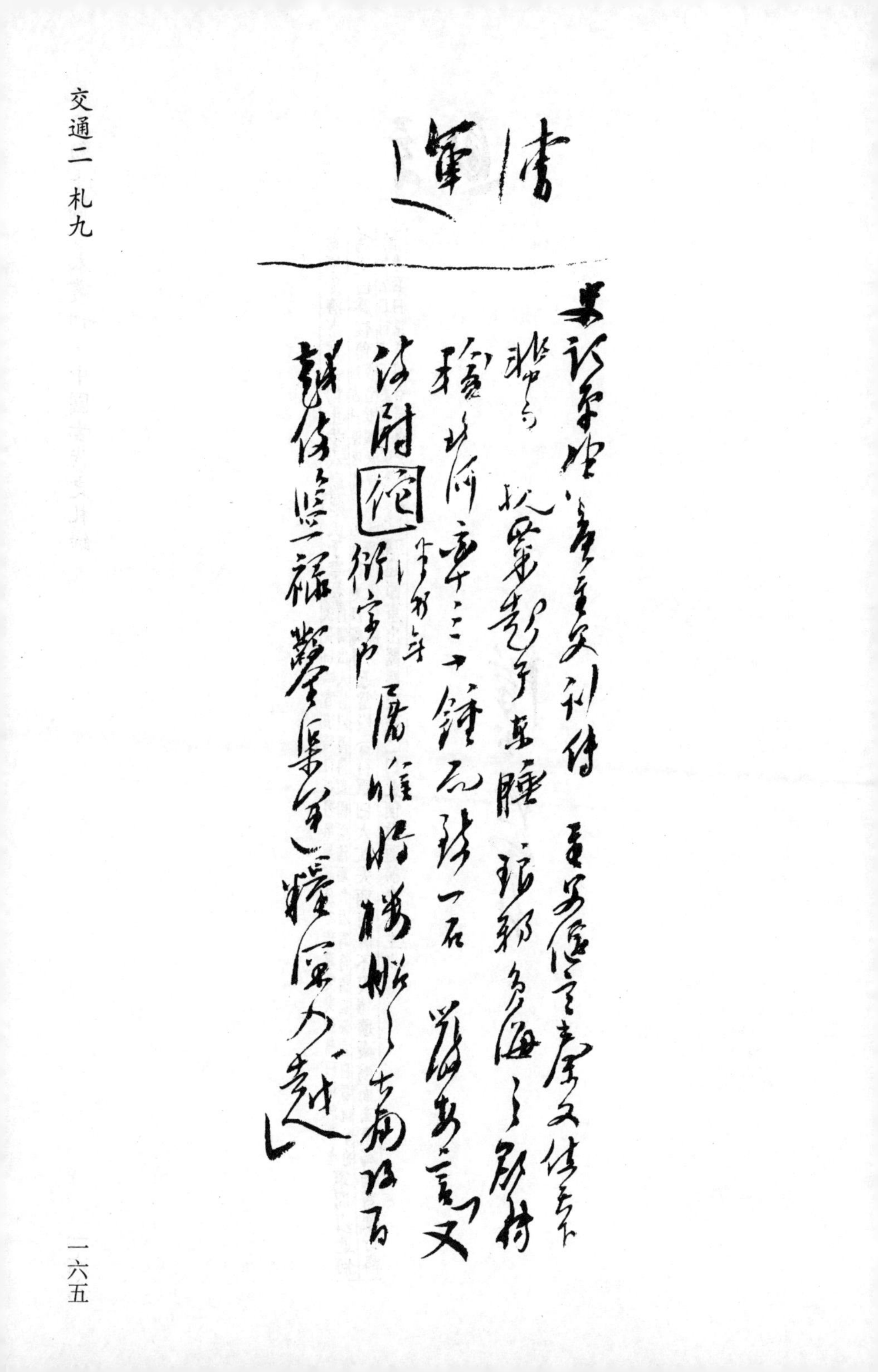

通关

初軍從濟南當詣博士步入關關吏予軍繻張晏曰繻音須繻符也書帛裂而分之若券契矣蘇林曰繻帛邊也舊關出入皆以傳傳煩因裂繻頭合以爲符信也師古曰蘇說是也軍問以此何爲吏曰爲復傳師古曰復返也返出關更以爲傳復音扶福反傳張戀反次下亦同還當以合符軍曰大丈夫西游終不復傳還棄繻而去軍爲謁者使行郡國師古曰行音下更反其後亦同○劉奉世曰還當以合符還字宜屬上句建節東出關關吏識之曰此使者迺前棄繻生也

漢书终军传

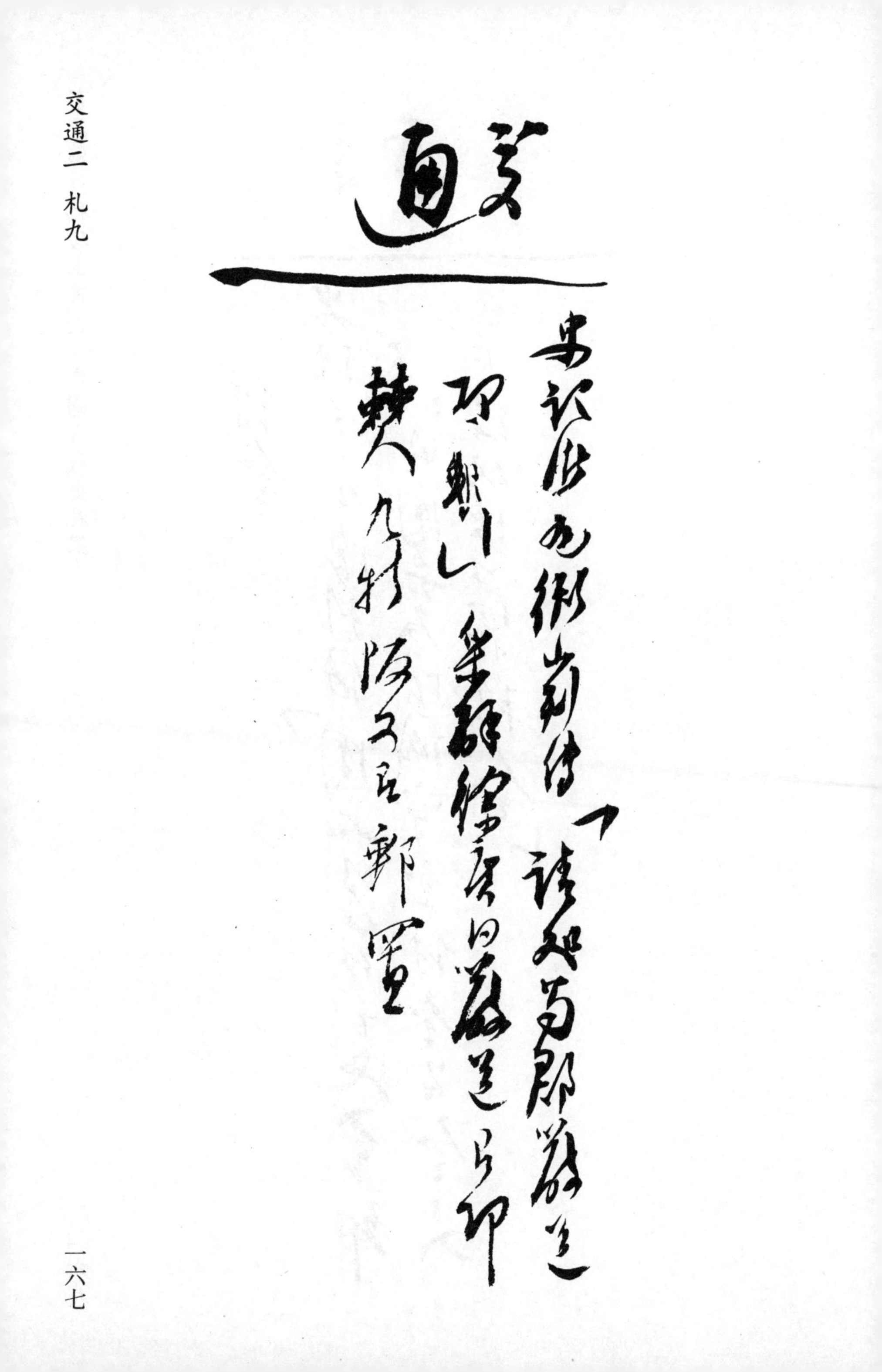

交通

傳舍

史記一二二以良列傳「周上以節下地入之郡[illegible]之[illegible]關[illegible]城守至傳舍召令入[illegible]佐[illegible]以[illegible]斬令之」

通事

[illegible]

[illegible]

漢書陳湯傳 付匈奴屠郅王帥〔[illegible]〕[illegible]陳漢書軍 民

二卷六 案陳蕃之後代[illegible]馬 [illegible]南 陵[illegible]

此蓋陳馬之[illegible]其

交通

來諭傳聞時人欲付〔剞劂〕荊朋各牒并序文甚周

自當一一少程覽東

[illegible]通

剝削[illegible][illegible]

安於[illegible][illegible]，隨[illegible]剝削，[illegible]說他人天下[illegible]不[illegible][illegible]

[illegible]如[illegible]體之[illegible][illegible][illegible][illegible]至即剝削

通[illegible]

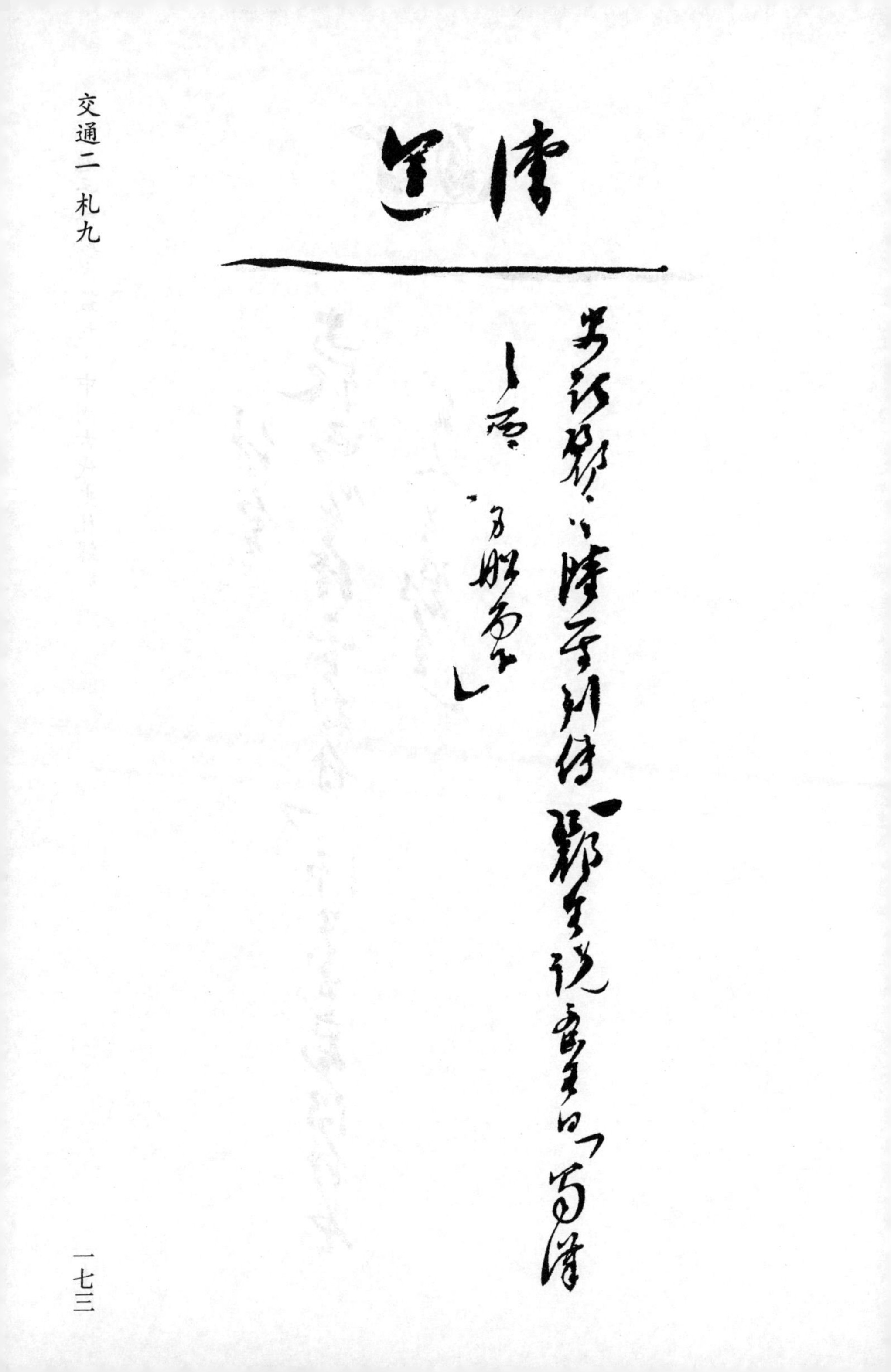

傳舍

史記酈生陸賈列傳：沛公至高陽傳舍，使人召酈生。

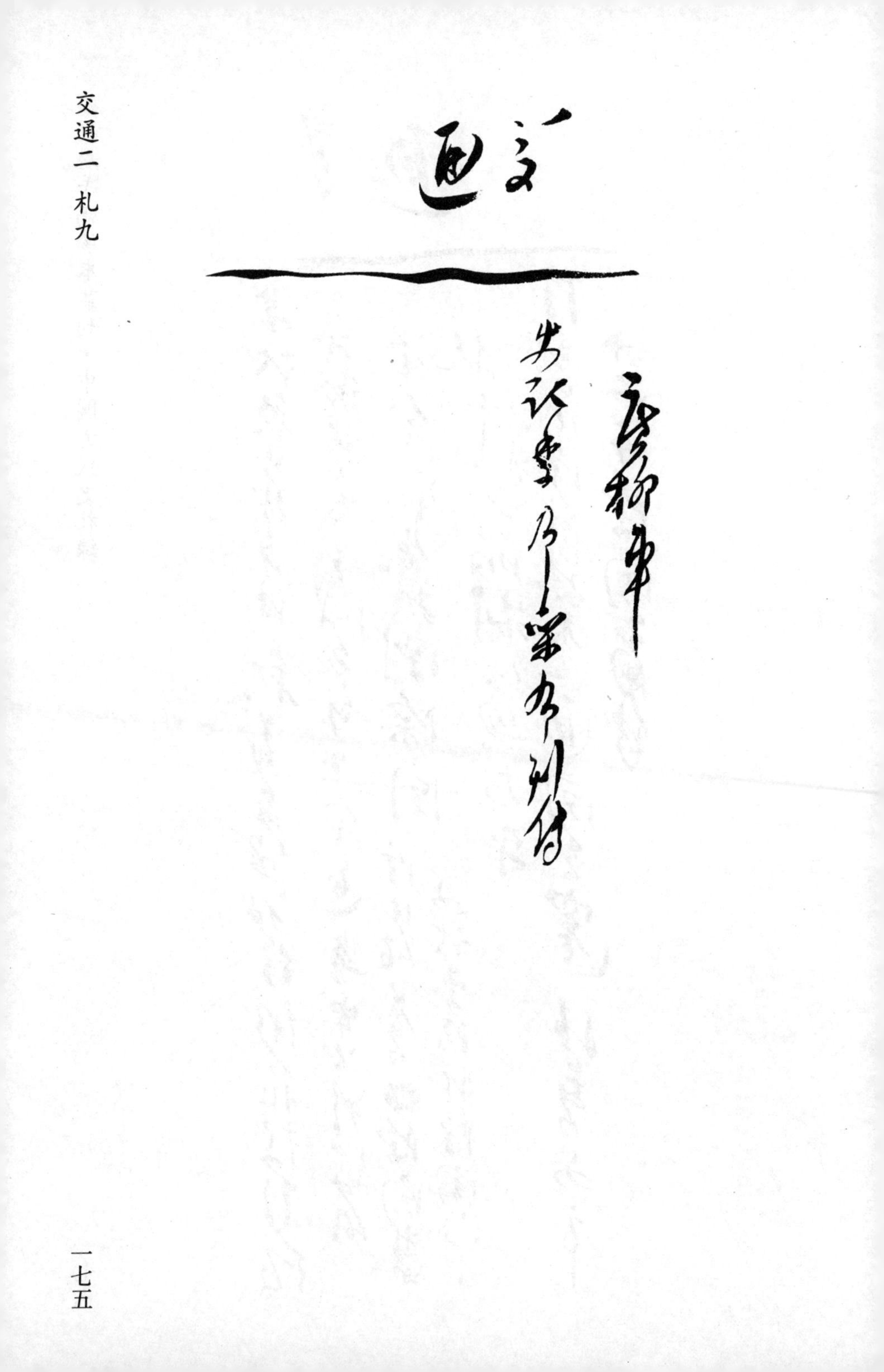

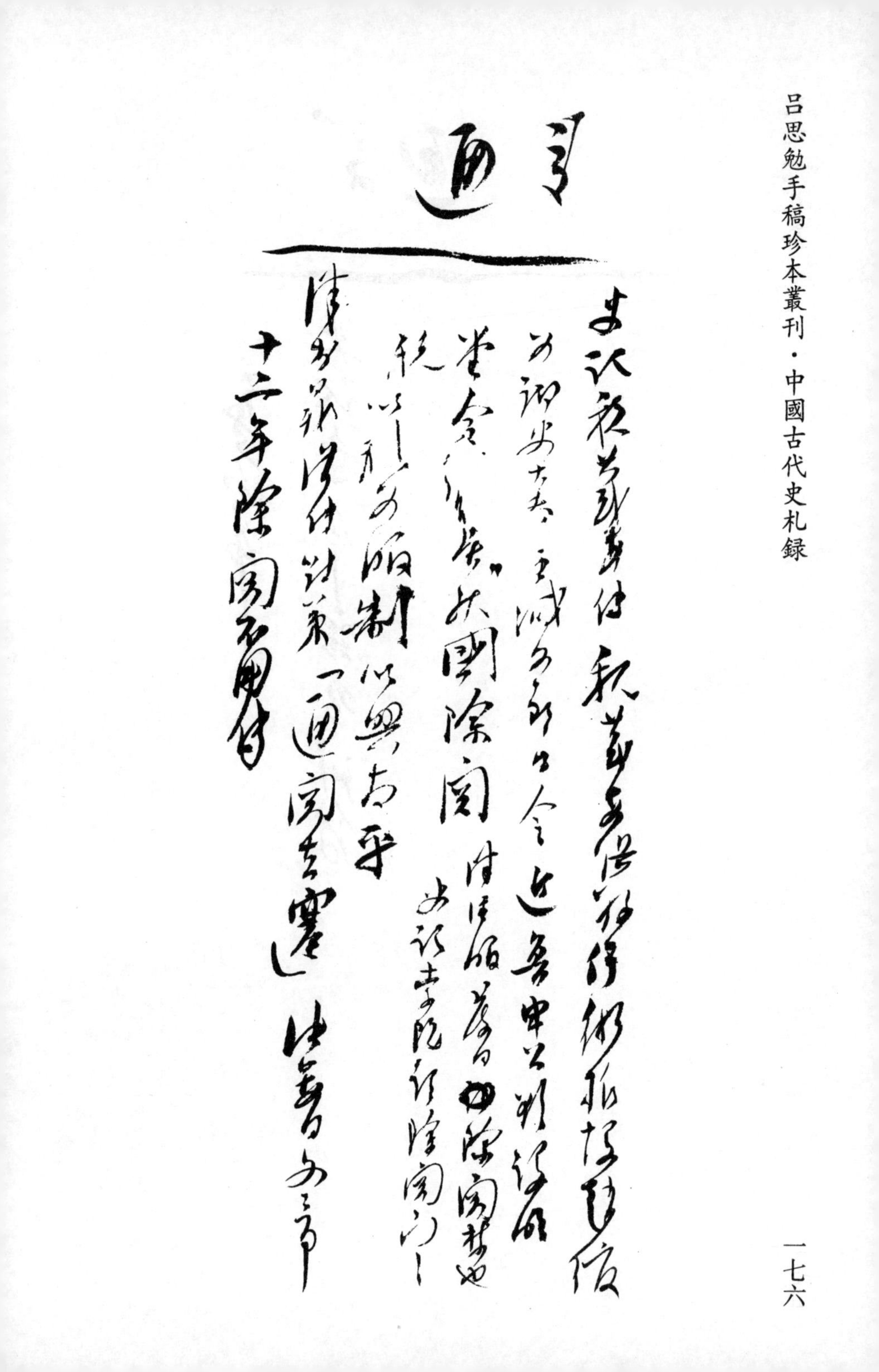

[illegible]通

[illegible]

[illegible]國除閒[illegible]

[illegible]以[illegible]制以[illegible]乎

[illegible]一通閒[illegible]

十二年除閒[illegible]

芝通

大駕經吳，到要來別，付之此來，乃老弟傳夫　落大

實實　含之

知人　高堂全家安好　勿念含

史記李斯傳：又作阿房之宮，治直馳道

其官既始皇欲游天下道九原【正義】九原郡今勝州連谷縣是直抵甘泉【正義】宮在雍州乃使蒙恬通道自九原抵甘泉塹山堙谷千八百里道未就始皇三十七年冬行出游會稽並【索隱】並音白浪反海上北走琅邪【索隱】走音奏走猶向也鄒氏音趨趨亦向義於字則乖道病使蒙毅還禱山川未

太史公曰：吾適北邊，自直道歸，行觀蒙恬所為秦築長城亭障，塹山堙谷，通直道，固輕百姓力矣。

敗獨身坐耳漢八年上從東垣還

【集解】韋昭曰爲供置也【索隱】文止中也今按云置廁者置人於

曰柏人柏人者迫於人也不宿

自到貫高獨怒罵曰誰、

致京師也　與王詣長安

過趙貫高等乃壁人柏人【索隱】謂於柏人縣館舍壁中著人欲爲變也【正義】柏人故城在邢州柏人縣西北十二里即高祖宿處　要之置

云置人於廁壁中以伺高祖也張晏云鑿壁空之令人隱壁中謂之置廁廁者隱側之處因以爲言也亦音側　上過欲宿心動問曰縣名爲何

而去漢九年貫高怨家知其謀乃上變告之於是上皆并逮捕趙王貫高等十餘人皆爭

之今王實無謀而并捕王公等皆死誰白王不反者乃轞車膠致【正義】轞車上著板四周如檻形膠密不得開

上曰壯士誰知者以私問之【集解】韋昭曰以私情相問　中大夫泄公曰【正義】泄姓也史有泄私　臣之邑子素知之此固趙國立名義不侵爲然諾

者也上使泄公持節問之箯輿前【集解】徐廣曰箯音鞭駰案韋昭曰輿如今輿牀人輿以行【索隱】服虔云音編編竹木如今峻可以糞除也何休注公羊筍音峻筍者竹箯一名編齊魯已北名爲筍郭璞三蒼

注云箯轝土器　仰視曰泄公邪泄公勞苦如生平驩與語問張王果有計謀不高曰人情寧不各愛其父母妻子乎今吾三族皆

何迺汙王爲　師古曰言何爲乃汙染王　事成歸王事敗獨身坐耳八年上從東垣過　師古曰擊韓王信餘寇於東垣還而過　趙貫高等乃壁人栢人要之置廁　文穎

曰置人廁壁中以伺高祖○劉攽曰置頓止之次名也置之廁中故云置廁東海貢荔枝五里一候十里一置宋祁曰東垣一作南垣　上過欲宿心動問曰縣名爲何曰栢人栢人者迫於人不

宿去九年貫高怨家知其謀告之於是上逮捕趙王諸反者趙午等十餘人皆爭自到貫高獨怒罵曰誰令公等爲之今王實

無謀而并捕王公等死誰當白王不反者　師古曰白明也　乃檻車與王詣長安　師古曰檻車者車而爲檻形謂以板四周之無所通見　高對獄曰獨吾屬爲之王

曰贊說是也　中大夫泄公曰臣素知之　師古曰泄音薛　此固趙國立名義不侵爲然諾者也　師古曰侵猶犯負也　上使泄公持節問之箯輿前卬視泄

公　師古曰箯輿者編竹木以爲輿形如今之食輿矣高時榜笞刺爇委困故以箯輿處之也箯音鞭卬讀曰仰　勞苦如平生歡　師古曰勞苦相勞問其勤苦也　與語問張王果有謀不　師古曰果猶決　高曰

[illegible]

部聚兵候伺旁郡警急（集解）張晏曰欲有所會布所幸姬疾請就醫醫家與中大夫賁赫對門（集解）徐廣曰賁音肥（索隱）人姓名也姬數如醫家賁赫自以爲侍中迺厚餽遺從姬飲醫家姬侍王從容語次譽赫長者也王怒曰汝安從知之具說狀王疑其與亂赫恐稱病王愈怒欲捕赫赫言變事乘傳詣長安布使人追不及赫至上變言布謀反有端可先未發誅也上讀其書語蕭相國相國曰布不宜有

史記黥布列傳

又楚漢春秋云方[illegible]英布[illegible]傳舍

具告以詔意曰橫來大者王小者乃侯耳師古曰大者謂橫身小者其徒屬○劉奉世曰高帝惟名橫耳故許之大者封王小亦不失爲侯詳語意可知豈爲其徒衆哉不來且發兵加誅橫廼與其客二人乘傳詣雒陽師古曰傳音張戀反至尸鄉廄置師古曰尸鄉在偃師城西臣瓚曰案廄置謂置馬以傳驛者橫謝使者曰人臣見天子當洗沐止留謂其客曰橫始與漢王俱南面稱孤師古曰王者自稱曰孤蓋爲謙也老子德經曰貴以賤爲本高以下爲基是以侯王自謂孤寡不穀今漢王爲天子而橫廼爲亡虜北面事之

[illegible]通

史記韓王信盧綰列傳：豨嘗告歸過趙，趙相周昌見豨賓客隨之者千餘乘，邯鄲官舍皆滿。

皆降合齊趙共擊楚四月至彭城漢兵敗散而還信復收兵與漢王會滎陽復擊破楚京索之閒以故楚兵卒不能西漢之敗卻彭城【正義】兵敗散彭城而却退塞王欣翟王翳亡漢降楚齊趙欲反漢與楚和六月魏王豹謁歸視親疾至國即絕河關【索隱】今蒲津關反漢與楚約和漢王使酈生說豹不下其八月以信爲左丞相擊魏魏王盛兵蒲坂塞臨晉【索隱】塞音先得反臨晉縣名信乃益爲疑兵【集解】駰案漢書音義曰益張旌旗以疑敵者陳船欲[illegible]臨晉【索隱】劉氏云陳船地名在舊關之西今之朝邑非也案京兆有船司空縣不名陳船陳船者陳列船艘欲渡河也而伏兵從夏陽以木罌缻渡軍【集解】徐廣曰缻一作缶[illegible]曰以木押縛罌缻以渡韋昭曰以木爲器如罌缻以渡軍無船且尚密也【正義】按韓信詐陳列船艘於臨晉[illegible]州即此從夏陽木押罌缻度軍襲安邑臨晉同州東朝邑界夏陽在同州北渭城界襲安邑【正義】安邑故城在絳州夏縣東北十五里魏王豹[illegible]兵迎信信遂虜豹【索隱】劉氏云夏陽舊無船豹不備之而防臨晉耳今安邑被襲故豹遂降也定魏爲河東郡【正義】今安邑縣故城漢王遣

史記以此爲本作

大將乎○宋祁云一本作大將軍曰栢直也信曰豎子耳遂進兵擊魏魏盛兵蒲坂塞臨晉信迺益爲疑兵師古曰多張兵形令敵人疑也陳船欲渡臨晉而伏兵從夏陽以木罌缻渡軍襲安邑服虔曰以木柙縛罌缻以渡也韋昭曰以木爲器如罌缻也師古曰服說是也罌缻謂瓶之大腹小口者也音一政反臨晉在今同州朝邑縣界夏陽在韓城縣界○宋祁曰伏恐本作復○劉敞曰復當作伏魏王豹驚引兵迎信信遂虜豹定河東使人請漢王願益兵三萬人臣請以北舉燕趙東擊齊南絕楚之糧道西與

昌邑哀王髆天漢四年立十一年薨子賀嗣立十三年昭帝崩無嗣大將軍霍光徵王賀典喪師古曰令為喪主璽書曰制詔昌邑王師古曰太后璽書使行大鴻臚事少府樂成師古曰史樂成宗正德光祿大夫吉師古曰丙吉也中郎將利漢師古曰不知姓徵王乘七乘傳詣長安邸夜漏未盡一刻以火發書其日中賀發餔時至定陶行百三十五里侍從者馬死相望於道郎中令龔遂諫王令還郎謁者五十餘人賀到濟陽求長鳴雞師古曰鳴聲長者也道買積竹杖文穎曰合竹作杖也過弘農使大奴善以衣車載女子師古曰凡言大奴者謂奴之尤長大者也至湖師古曰湖縣使者以讓相安樂張晏曰使者長安人也師古曰讓責也安樂告遂遂入問賀賀曰無有遂曰即無有何愛一善以毀行義請收屬吏師古曰以善付吏也屬音之欲反其下亦同以湔洒大王師古曰湔澣也洒灑也湔音子顛反洒音先禮反即捽善屬衞士長行法師古曰捽持頭也衞士長主衞之官捽音材兀反賀到霸上大鴻臚郊迎

洞疑（索隱洞是洞達意共所疑）遂及宗禍作呂太后本紀第九

漢既初興繼嗣不明迎王踐祚天下歸心蠲除肉刑開通關梁廣恩博施厥稱太宗作孝文本紀第十

諸侯驕恣吳首爲亂京師行誅七國伏辜天下翕然大安殷富作孝景本紀第十一

「今已論秦東馬邑地望年已論
以後入秦馬被具」

附後漢書傳注引五原

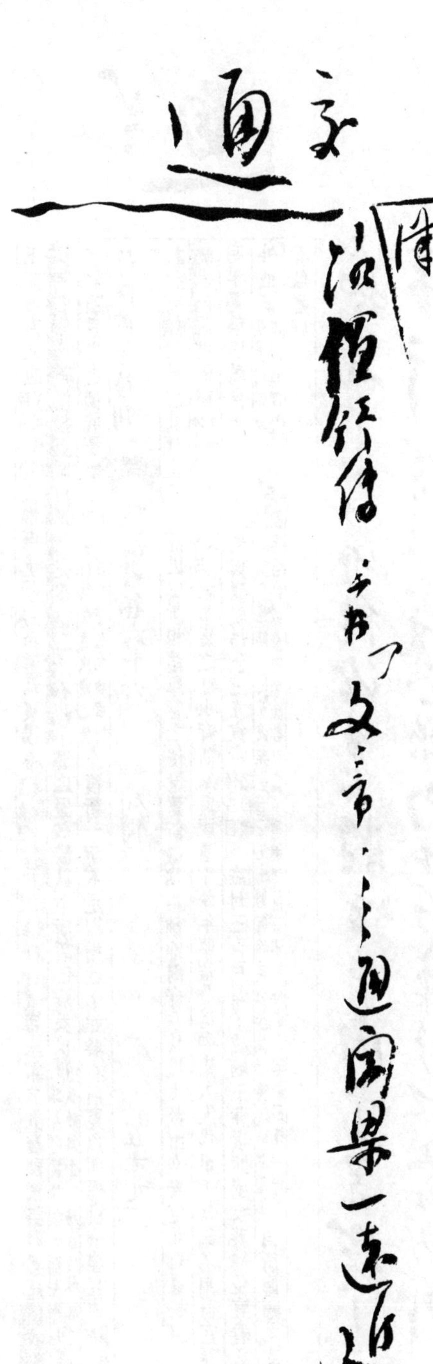

[illegible]

王訢濟南人也師古曰訢字與欣同以郡縣吏積功稍遷爲被陽令孟康曰故千乘縣也被音罷師古曰音皮彼反武帝末軍旅數發郡國盜賊羣起繡衣御史暴勝之使持斧逐捕盜賊以軍興從事誅二千石以下勝之過被陽欲斬訢訢已解衣伏質師古曰質鑕也欲斬人皆伏於鑕上也鑕音竹林反仰言曰使君顓殺生之柄威震郡國師古曰爲使者故謂之使君也顓與專同今復斬一訢不足以增威不如時有所寬以明恩貸令盡死力師古曰貸假也言饒假之貸音土戴反勝之壯其言[illegible]誅因與訢相結厚勝之使還薦訢徵爲右輔都尉守右扶風上數出幸安定北地過扶風宮館馳道脩治供張辦師古曰[illegible]張[illegible]反武帝嘉之駐車拜訢爲眞視事十餘年昭帝時爲御史大夫代車千秋爲丞相封宜春侯明年薨謚曰敬侯子[illegible]侯與謀廢昌邑王立宣帝師古曰與讀曰豫益封三百戶薨子咸嗣王莽妻卽咸女莽篡位宜春氏以外戚寵張晏曰莽本以與[illegible]不同[illegible]氏侯邑也師古曰此說非也若云王氏則與莽族相涉故以侯號稱之耳莽[illegible]系各別故爲婚娶旣非私竊不須避諱諱亦不可掩也○宋祁曰掩一作下自訢傳國至玄孫莽敗迺絕

乾隆四年校刊 漢書卷六十六 列傳 五十九

蔡義……以明經給事大將軍莫府，家貧常步行，資禮不逮衆門下，好事者相合爲義買犢車，令乘之。蔡本傳

漢興海內爲一開關梁弛山澤之禁是以富商大賈周流天下交易之物莫不通得其所欲而徙豪傑諸侯彊族於京師關中自汧雍以東至河華膏壤沃野千里自虞夏之貢以爲上田而公劉適邠大王王季在岐文王作豐武王治鎬故其民猶有先王之遺風好稼穡殖五穀地重（索隱）言重於耕稼也重爲邪（索隱）重音逐隴反重者難也畏言不敢爲奸邪（正義）重並逐拱反言關中地重厚民亦重難不爲邪惡及秦文孝繆居雍隙（集解）徐廣曰隙者間孔也地居

馬

馬

漢以後 大致如上 青目以雜多民馬補東林

泰山琅邪羣盜徐勃等阻山攻城師古曰阻山者依山之險以自固也道路不通遣直指使者暴勝之等衣繡衣杖斧分部逐捕師古曰杖斧持斧也謂建持之以爲威也分音扶問反刺史郡守以下皆伏誅冬十一月詔關都尉曰今豪桀多遊交依東方羣盜其謹察出入

漢武紀天漢二

通

到紀元光六年孝武穿漕渠通渭

學部

交通

王吉字子陽琅邪皐虞人也少好學明經以郡吏舉孝廉爲郎補若盧右丞師古曰少府之屬官有若盧令丞漢舊儀以爲主治庫兵者遷雲陽令舉賢良爲昌邑中尉而王好游獵驅馳國中動作亡節吉上疏諫曰臣聞古者師日行三十里吉行五十里詩云匪風發兮匪車揭兮顧瞻周道中心怛兮師古曰檜國匪風之篇發發飄風貌揭揭疾驅貌怛古怛字傷也言見此飄風及疾驅則顧[illegible]心哀傷思周道也揭音丘列反○宋祁曰注文怛字下疑有怛字說曰是非古之風也發發者是非古之車也揭揭者蓋傷之也師古曰今之發發然者非古有道之風也今之揭揭然者非古有道之車也故傷之○劉攽曰按文及注當云發發者是非古之風也揭揭者是非古之車也怛怛者蓋傷之也今皆誤矣陽夏公云倒文取今字新古蓋多如此不爲誤王幸方與師古曰縣名也音房預○宋祁曰注文音字上當有方與曾不半日而馳二百里百姓頗廢耕桑治道牽馬臣

梅福字子眞九江壽春人也少學長安明尚書穀梁春秋爲郡文學補南昌尉師古曰豫章之縣後去官歸壽春數因縣道上言變事師古曰附縣道之使而封奏也變謂非常之事求假軺傳師古曰小車之傳也軺音遙傳音張戀反詣行在所條對急政師古曰條對者一一條錄而對之輒報罷是時成帝委任大將軍

運河

國○臣召南按楚之滅魯在頃襄王時去莊王時甚遠又莊王雖嘗入陳旋復其國至惠王始滅陳二事皆非莊王事也此爲本文之誤

前漢書卷二十九考證

溝洫志入於勃海注臣瓚曰武帝元光三年河移徙東郡更注勃海禹時不注也○臣召南按尚書但云入于海史記河渠書始云入于勃海而班志用之本無差訛禹河自周定王以後雖漸遷移不定而其入海之口總在直沽至漢猶如故也孝武紀元光三年春河水徙從頓丘東南流入勃海其入勃海與禹時不異所異者改道從頓丘移徙耳地理志於魏郡鄴縣曰故大河在東北入海于勃海郡成平縣曰虖沱河民曰徒駭河此則禹河故道也豈可曰禹時不注勃海乎使禹河不注勃海則史記于宣房既築又何以云道河北行二渠復禹舊跡也瓚說非是　滎陽下引河東南爲鴻溝以通宋鄭陳蔡曹衛與濟汝淮泗會於楚○劉奉世曰一鴻溝固不能旁通六國數百里之間又濟自從千乘入海安得會于楚也○臣召南按鴻溝卽汴渠也地理志河南郡滎陽縣有狼湯渠首受泲東南至陳入潁過郡四行七百八十里又陳留郡陳留縣魯渠水首受狼湯渠東至陽夏入渦渠又浚義縣雎水首受狼湯水東至取慮入泗過郡四行千三百六十里又封邱縣濮渠水首受泲東北至都關入羊里水過郡三行六百三十里又淮陽國扶溝縣渦水[illegible]首受狼湯渠東至向入淮過郡三行千里此宋鄭陳蔡曹衛水道之明証也汴渠首受滎澤卽是濟水何必遠求于千乘注[illegible]濟口乎劉奉世疑于所不必疑何也　其後三十六歲孝武元光中河決於瓠子○臣召南按河渠書作四十有餘年[illegible]四年河決東郡至元光三年河決濮陽實三十六年無四十餘年也此則志訂史記之失　是時武安侯田蚡爲丞相[illegible]訛分今改正　時鄭當時爲大司農○臣召南按百官公卿表曰景帝後元年更名大農令武帝太初元年更大司農[illegible]時止應言大農史記作鄭當時爲大農是也司字疑衍　浩浩洋洋慮殫爲河○史記作皓皓旰旰兮閭殫爲河又息謂河公兮何不仁史記作爲我謂河伯兮何不仁　今內史稻田租挈重注收田租之約令也○收田租監本訛收臣租今改正　又注挈音苦計反○据注與契字同顧炎武曰挈偏也說文有觢字注云角一俯一仰意同　河復北

魏郡高帝置莽曰魏城屬冀州戶二十一萬二千八百四十九口九十萬九千六百五十五○縣十八　**鄴**故大河在東北入海　**館陶**河水別出爲屯氏河東北至章武入海過郡四行千五百里　**斥丘**莽曰利丘應劭曰斥丘在西南也師古曰闞駰云地多斥鹵故曰斥丘　**沙**　**內黃**清河水出南應劭曰春秋吳子晉侯會于黃池今黃澤在西陳留有外黃故加內云臣瓚曰國語曰吳子會諸侯于黃池掘溝於商魯之間今陳外黃有黃溝是也史記曰伐宋取黃池然則不得在魏郡明矣師古曰瓚說是也應說失之　**清淵**應劭曰清河在西北　**魏**都尉治莽曰魏城亭應劭曰魏武侯別都　**繁陽**應劭曰在繁水之陽張晏曰其界爲繁淵　**元城**應劭曰魏武侯公子元食邑於此因而遂氏焉　**梁期**　**黎陽**莽曰黎蒸晉灼曰黎山在其南河水經其東其山上碑云縣取山之名取水在其陽以爲名　**卽裴**侯國莽曰卽是應劭曰裴音非　**武始**漳水東至邯鄲入漳又有拘澗水東北至邯鄲入白渠應劭曰拘音矩　**邯會**侯國應劭曰漳水之別自城西南與邯山之水會今城旁猶有溝渠在也師古曰邯音下安反　**陰安**　**平恩**侯國莽曰延平　**邯溝**侯國師古曰邯水之溝　**武安**欽口山白渠水所出東至列人入漳又有浸水東北至東昌入虖池河過郡五行六百一里有鐵官莽曰桓安師古曰浸音子禮反虖音呼池音徒何反其下並同

史通

交通

薛廣德字長卿沛郡相人也以魯詩教授楚國龔勝舍師事焉蕭望之爲御史大夫除廣德爲屬數與論議器之師古曰以爲大器也薦廣德經行宜充本朝師古曰經明行修宜於本朝任職也爲博士論石渠張晏曰石渠閣名也遷諫大夫代貢禹爲長信少府御史大夫廣德爲人溫雅有醖藉服虔曰寬博有餘也師古曰醖言如醖釀也藉有所薦藉也醖音於問反藉音才夜反及爲三公直言諫爭始拜旬日間上幸甘泉郊泰畤禮畢因留射獵廣德上書曰竊見關東困極人民流離陛下日撞亡秦之鐘聽鄭衛之樂師古曰撞音丈江反臣誠悼之今士卒暴露從官勞倦願陛下亟反宮師古曰亟急也思與百姓同憂樂天下幸甚上即日還其秋上酎祭宗廟出便門師古曰長安城南面西頭第一門欲御樓船廣德當乘輿車免冠頓首曰宜從橋詔曰大夫冠廣德曰陛下不聽臣臣自刎以血汙車輪陛下不得入廟矣師古曰言不以禮終不得立廟也一曰以見死傷犯於齋絜不得入廟祠也○劉攽曰一說是也時上方入廟陽直當作陛下不廟矣若本有得[illegible]以杜牧論諫書考之小顔不應費辭如此上不說師古曰說讀曰悅先敺光祿大夫張猛進曰師古曰先敺導乘輿也敺與驅同猛張騫之孫臣聞主聖臣直乘船危就[illegible]不乘危御史大夫言可聽上曰曉人不當如是邪師古曰謂諫爭之言當如猛之詳善也乃從橋後月餘以歲惡民流師古曰歲惡年穀不熟也[illegible]大司馬車騎將軍史高俱乞骸骨皆賜安車駟馬黃金六十斤罷廣德爲御史大夫凡十月免東歸沛太守迎之[illegible]以爲榮縣其安車傳子孫師古曰縣其所賜安車以示榮幸也致仕縣車蓋亦古法韋孟詩云縣車之義以洎小臣也○劉攽曰致仕縣車言休息不出也故韋孟云薛廣德自安車也

為馳道於天下東窮燕齊南極吳楚江湖之上瀕海之觀畢至師古曰瀕水涯也瀕海謂緣海之邊也畢盡也瀕音頻又音賓字或作濱音義同道廣五十步三丈而樹厚築其外隱以金椎服虔曰作壁如甬道隱築也以鐵椎築之師古曰築令堅實而使隆高耳不為甬道也隱音於靳反樹以青松為馳道之麗至於此使其後世曾不得邪

漢賈山傳至言

交通

漢薛宣

免爲庶人歸故郡卒於家宣子惠亦至二千石始惠爲彭城令宣從臨淮遷至陳留過其縣橋梁郵亭不脩（師古曰郵行書之舍亦如今之驛及行道館舍也音尤）宣心知惠不能留彭城數日案行舍中處置什器（師古曰處安也什器爲生之具也解在平紀）觀視園菜終不問惠以吏事惠自知治縣不稱宣意遣門下掾送宣至陳留令掾進□凡自從其所問宣不教戒惠吏職之意（師古曰若自出其意不云惠使之言）宣笑曰吏道以法令爲師可問而知及能與不能自有資材何可學也宋人傳稱以宣言爲然初宣後封爲侯時妻死而敬武長公主寡居上令宣尚焉及宣免歸

頁通

五年春正月祫祭明堂應劭曰禮五年而再殷祭壹禘壹祫祫祭者毀廟與未毀廟之主皆合食於太祖師古曰祫音洽諸侯王二十八人列侯百二十人宗室子九百餘人

徵助祭師古曰徵召也禮畢皆益戶賜爵及金帛增秩補吏各有差詔曰蓋聞帝王以德撫民其次親親以相及也昔堯睦九族舜惇

敘之師古曰虞書堯典云昔在帝堯克明俊德以親九族九族既睦平章百姓咎繇謨曰惇敘九族庶明勵翼言堯能明俊德之士而任用之以睦高祖玄孫之親令百姓平和章明舜又厚敘此親使衆庶皆明其教而自勉勵翼戴上命也故此

詔引之朕以皇帝幼年且統國政師古曰朕者太皇太后自稱也惟宗室子皆太祖高皇帝子孫及兄弟吳頃楚元之後師古曰吳頃謂高帝之兄仲也初為代王後廢

為合陽侯而子濞封為吳王故追謚仲為吳頃王頃讀曰傾漢元至今十有餘萬人雖有王侯之屬莫能相糾師古曰糾謂禁察也或陷入刑罪教訓不至之咎也傳

不云乎君子篤於親則民興仁師古曰此論語載孔子之辭也言上能厚於親屬則下皆化之起為仁行也以論語傳聖人之言故謂之傳他皆類此其為宗室自太上皇以來族親

各以世氏郡國置宗師以致教訓焉二千石選有德義者以為宗師考察不從教令有冤失職者宗師得因郵亭書言宗

伯請以聞晉灼曰宗伯言為書以師古曰郵行書舍也至宗伯也郵音尤常以歲正月賜宗師帛各十匹

漢平紀之語

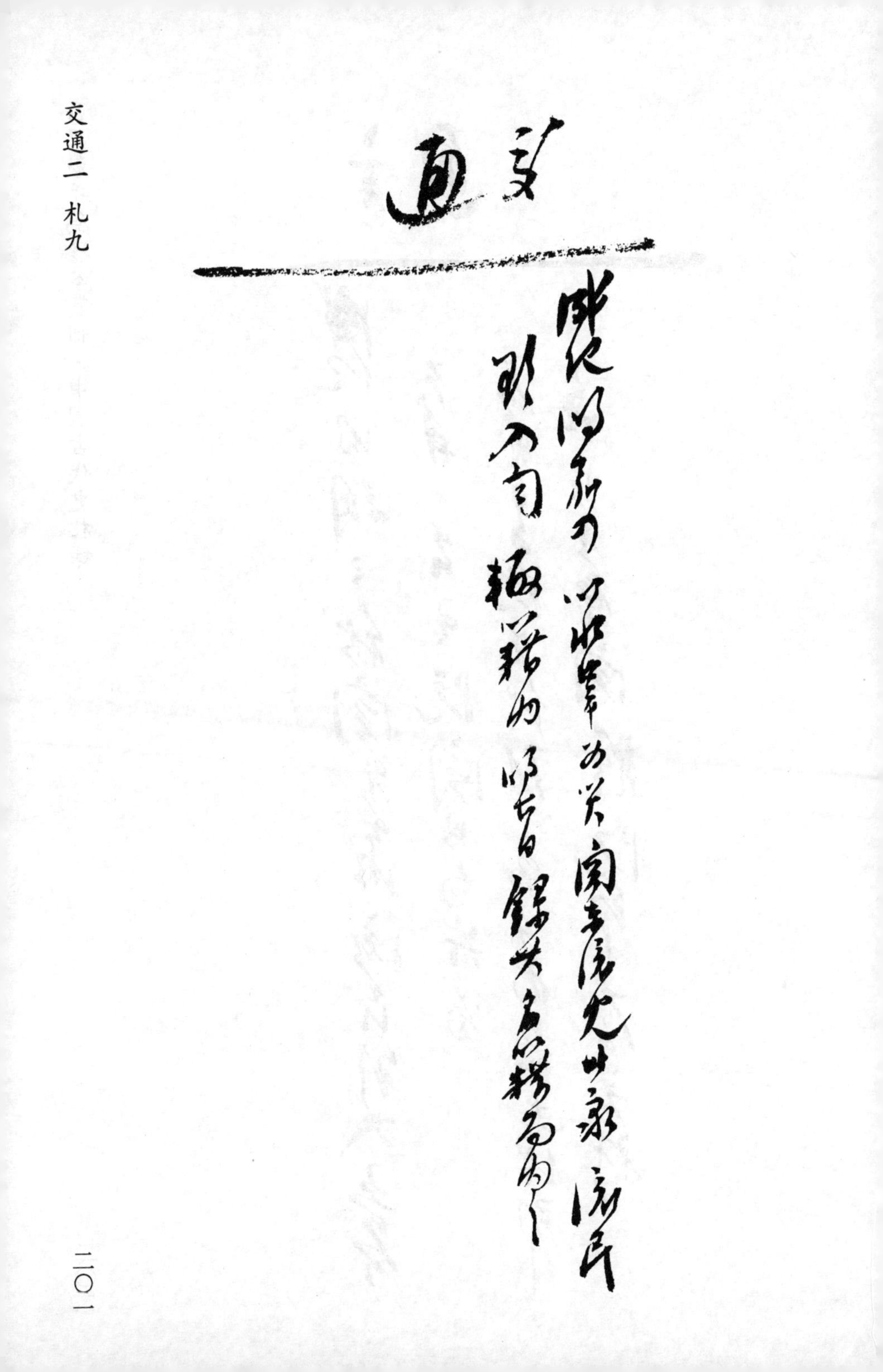

讀通

戰國以前之秋閒東都濮陽取人者

天下皆王陵閒其句者為

應縣之是陵其代郡爲與南北迄代郡

年以上原閒縣陵郎府謝

一　覚

清宮尺摩柱の張　今般右様ニ而出来候

至都在々全出具材の設移　出来倉所使候

民之　軍船載装入閩地每月信　仰告

錦上添花彩絆多加　姓名向共出入也

傳

馬

二年夏四月上自建章宮徙未央宮大置酒賜郎從官帛及宗室子錢人二十萬吏民獻牛酒者賜帛人一匹六月赦天下詔曰朕閔百姓未贍師古曰贍足也前年減漕三百萬石師古曰減省轉漕所以休力役也頗省乘輿馬及苑馬師古曰乘輿馬謂天子所自以駕車輿者他皆類此以補邊郡三輔傳馬張晏曰驛馬也師古曰傳音張戀反其令郡國毋斂今年馬口錢文穎曰往時有馬口出斂錢今省如淳曰所謂租及六畜也三輔太常郡得以叔粟當賦如淳曰百官表太常主諸陵別治其縣爵秩如三輔郡矣元帝永光五年令各屬在所郡也師古曰諸應出賦算租稅者皆聽以叔粟當錢物也叔豆也

既八月改始元爲元鳳九月鄂邑長公主燕王旦與左將軍上官桀桀子票騎將軍安御史大夫桑弘羊皆謀反伏誅初桀安父子與大將軍光爭權欲害之詐使人爲燕王旦上書言光罪時上年十四張晏曰武帝崩時八歲即位於今七歲今十五師古曰此云初桀安父子與大將軍爭權詐爲燕王上書蓋追道前年事耳非今歲也張說失之覺其詐後有譖光者上輒怒曰大將軍國家忠臣先帝所屬師古曰屬音之欲反敢有譖毀者坐之光由是得盡忠語在燕王霍光傳冬十月詔曰左將軍安陽侯桀票騎將軍桑樂侯安御史大夫桑弘羊皆數以邪枉干輔政師古曰枉曲也以邪曲之事而干求也大將軍不聽而懷怨望與燕王通謀置驛往來相約結燕王遣壽西長孫縱之蘇林曰壽西姓也長名也孫姓縱之名等賂遺長公主丁外人謁者杜延年大將軍長史公孫遺等交通私書服虔曰外人主之所幸也晉灼曰漢語字少君師古曰此杜延年別自一人非下諫大夫也共謀令長公主置酒伏兵

秋七月詔曰比歲不登民匱於食師古曰匱乏也流庸未盡還師古曰流庸謂去其本鄉而行為人庸作往時令民共出馬其止勿出諸給中都官者且減之師古曰中都官京師諸官府冬遣大鴻臚田廣明擊益州廷尉李种坐故縱死罪棄市師古曰縱謂容放之种音沖

漢昭紀始元

五年春正月追尊皇太后父為順成侯夏陽男子張延年詣北闕自稱衛太子誣罔要斬師古曰夏陽馮翊之縣夏罷天下亭母馬及馬弩關應劭曰武帝數伐匈奴再擊大宛馬死略盡乃令天下諸亭養母馬欲令其繁孳又作馬上弩機關今悉罷之孟康曰舊馬高五尺六寸齒未平弩十石以上皆不得出關今不禁也師古曰亭母馬應說是馬弩關孟說是也六月封

四年春貳師將軍廣利斬大宛王首獲汗血馬來（應劭曰大宛舊有天馬種蹋石汗血汗從前肩髆出如血號一日千里師古曰蹋石者謂蹋石而有跡言其蹏堅利）作西極天馬之歌

秋起明光宮（師古曰三輔黃圖云在城中元后傳云成都侯商避暑借明光宮蓋謂此）冬行幸回中徙弘農都尉治武關稅出入者以給關吏卒食

通

而等諸侯親迎皆乘所御路，士親迎攝盛乘大夫車，大夫以上不可更攝盛，乘所御車乎？

餘記同本書也

東瀛

交通

至日閉關推冬至一日　七　禘祭辨　求古錄禮說

殷大路止一周大路有二　同上補遺　樂大路辨

中國人是否知用海上羅盤針○尚有可稽考據在其中國古代史中，茲由細考各種史料之結果，而謂中國在甚古之時，大概嘗有一種與羅盤[illegible]相似之物，至中古時代以後此種知識失傳甚久，是以相地師用以覘家宅墳墓之風水，其用作航海者之指導，據最為可靠之說，蓋在十二世紀（宋徽宗建中靖國元至寧宗慶元六）之與蘇門答臘貿易時。夏德之意以為阿拉伯之旅行坊者達中國地師得之，以此物而取之以供航海之用，再由彼等傳入中國，即吾人所謂航海羅盤者也。世界史綱卅章 八節 頁の八号

交通

通籍　漢書元帝紀注（九頁）　除門籍者　顏注　竇嬰傳（五二頁）

銅馬法　漢書公孫弘傳注引如淳（五八頁）　馬式　後漢書馬援傳（五四頁）

乘馬　顧懷三補後漢書劉寵傳注（六六頁）

水轉運曰漕　漢書武紀元光六年注（六五頁）

周人既纖而師史尤甚轉轂百數賈郡國無所不至　貨殖傳

縣度　漢書西域傳烏秅（九六上頁）

缿筩受書　漢書趙廣漢傳（七六頁）

交通

日南武初開國梁紀（三紀）此方華帝

漢武帝責之孫權之島（通）南撥傳內郡自省作中又

今耕於自轉之國叢　清末別居籠　付（以以伝）

伊師山近乎今之全江見瓊州等處傳（四址）

此島東之船艦見霍光傳（六址）　擺穆東本東車

可以即真擺者窗閉靜者旁牙牆窓另別一乘役

人之所議表又六寸一總為藩飾兩合二名呼之見同

上（六八址）　為車以蒲襄輪見儒林傳（六八址）　為車

坐乘之車，轂輪蒲裹輪，見續漢書禮儀志注（十四2上）。徐廣曰：立乘曰高車，坐乘曰安車，見續漢書輿服志注（卅五5上）。

檻車，謂以板四周為檻，無所見。後書鄧禹傳注（四六2上）。

柴車，見逸民韓康傳（113上）。鹿車，見列女桓少君傳（114上）。

薄軬車，見國志裴潛傳注引魏略（廿三8上）。

輕車，古之戰車，見後書楊震傳注（八四9上）。羸車，見游俠陳遵傳注，師古曰：[illegible]

漢書游俠傳陳遵云：府掾史率皆羸車小馬，不尚鮮明。兩字之將樸與馬衣服之稱（九二4下）。胡建傳：貧無車馬，常步與走卒起居。

芾即韠　乘軒

曹風候人彼其之子三百赤芾　傳　芾

韠也一命縕芾黝珩再命赤芾黝珩三命赤芾

蔥珩大夫以上赤芾乘軒

○傳彼彼至乘軒○正義曰桓二年左傳云袞冕黻珽則芾是配冕之服易困卦九五困于赤芾
知用享祀則芾服祭祀所用也士冠禮陳服皮弁素韠玄端爵韠則韠之所用不施於祭服矣玉藻說韠之制云下廣二
尺上廣一尺長三尺其頸五寸肩革帶博二寸書傳更不見芾之別制明芾之形制亦同於韠但尊祭服異其名耳言芾
韠者以其形制大同故舉類以曉人其禮別言之則祭服謂之芾他服謂之韠二者不同也一命縕芾黝珩再命赤芾黝
珩三命赤芾蔥珩皆玉藻文彼注云玄冕爵弁服之韠尊祭服異其名耳韍之言蔽也縕赤黃之間色所謂韎也珩佩玉
之珩也黑謂之黝青謂之蔥周禮公侯伯之卿三命下大夫再命上士一命然則曹爲伯爵大夫再命是大夫以上皆服
赤芾於法又得乘軒故連言之定十三年左傳云齊侯欲饗諸大夫之軒哀十五年傳稱衛太子謂渾良夫曰苟使我入國
服冕乘軒是大夫乘軒也閔二年傳稱齊桓公遣衛夫人以魚軒以夫人乘軒則諸侯亦乘軒故云大夫以上也傳因赤
芾遂言乘軒者僖廿八年左傳稱晉文公入曹數之以其不用僖負羈而乘軒者三百人也且曰獻狀杜預云軒大夫
之車也言其無德而居位者多故責其功狀彼正當共公之時與此三百文同故傳因言乘軒以爲共公近小人之狀

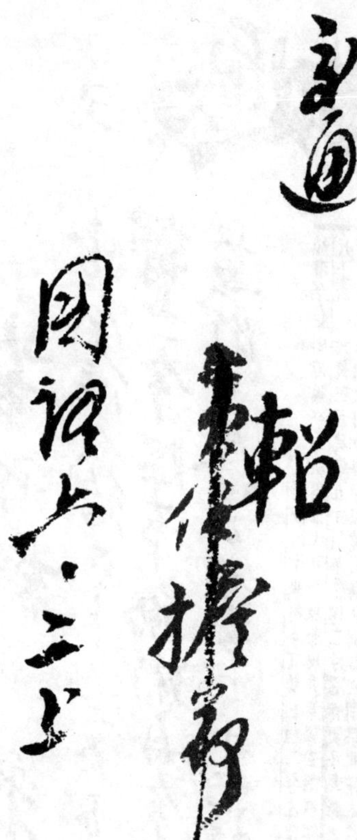

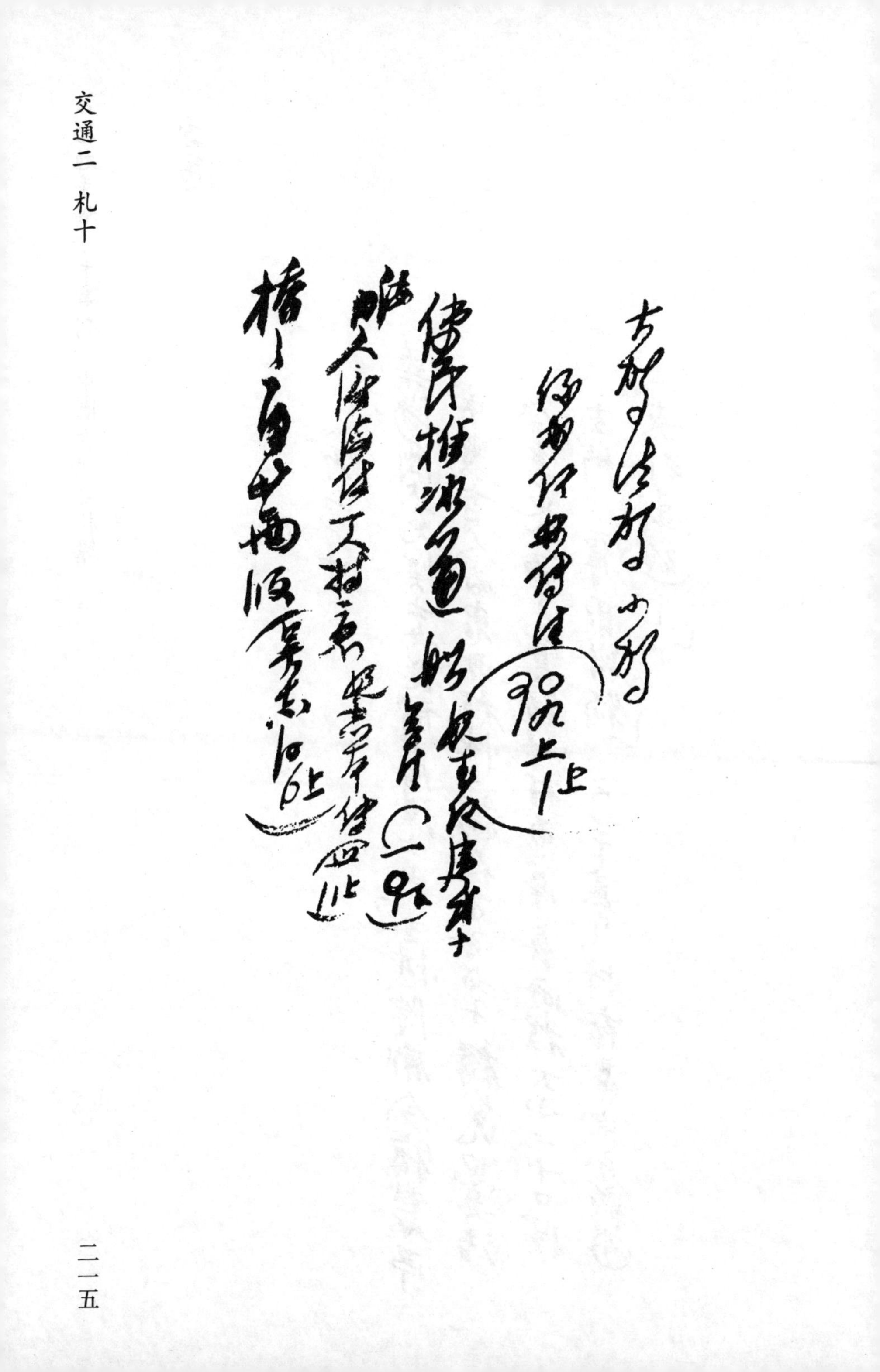

交通

宿處中

華陽國志先賢士女總讚廣漢士女「王忳除郿令宿斄亭中數有人為鬼所殺忳上樓夜半有女子稱冤曰妾涪令妻也當之官宿此樓為亭長所殺大小二十口埋在樓下奪取財物」又芊肴「將宿亭中見縣令吏引車避之」

交通

秦堇父輦重如役 左襄十 二孫於公宮輦而朝

君親推之 昭十 杜注推車 亦見定九齊侯于敝無存

救鄭因皆移於防之納斥堠禁侵掠 左襄十（十一？） 小人懷

壘不可以載俶 襄十五 杜臣夫無罪壞 使司

壘其罷之謗由此興也

徒林楚擔蘩氏也 襄廿三 杜戎伐凡伯於楚丘

鄭南鄙鄭夏人陌而奪之鄰

禁芻牧采樵不入田不樵樹不采蓺不抽屋不強匄 左昭六

弗鮒求也負於樹徑肩荒也 昭十三 寓撤 昭廿

錄通

商業

商人與彼[illegible]

[illegible]

以人[illegible]

弦高者鄭商也鄭商賈人○賈音古遇之殽矯以鄭伯之命而犒師焉詐稱曰矯犒勞也見其軍行非常不欲君子恐見虜掠故生意矯君命勞之○矯以居表反犒苦報反勞也勞力報反下同掠音亮或曰往矣或曰反矣軍中語也時以爲鄭賈使弦高犒之或以爲鄭伯已知將見襲必設備不如還或曰緒出當遂往之

傳卅三

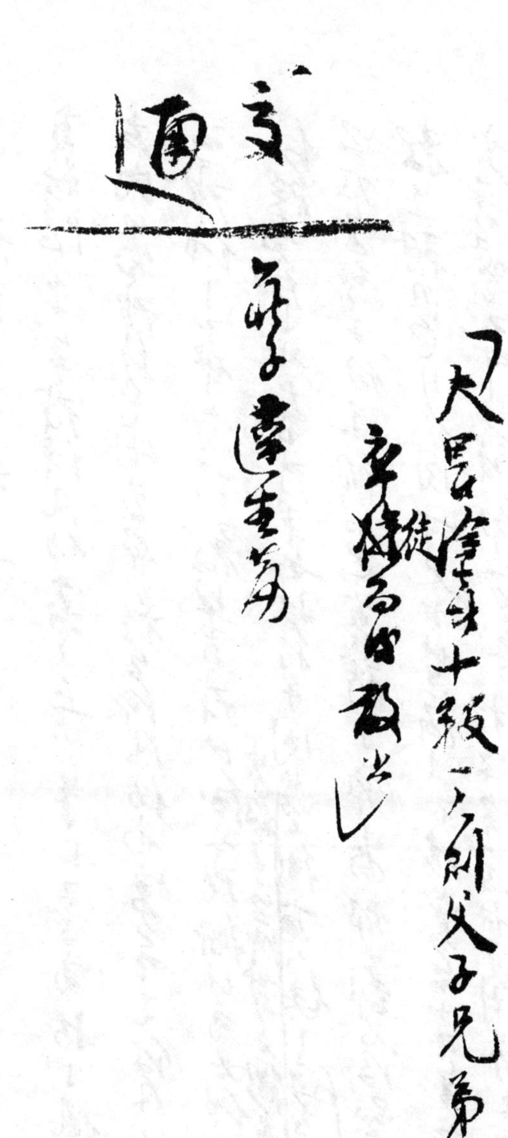

我們的子孫上

再於幾千七年我們的子孫上：以前日本曾有一族中國地

古代曰初我們發展於以前的民族中國先民的故事

而近我們之子孫亦以此歷史思想我們的衛地我們的先代天子了

使後人之我們也，嘉我去世於中國者衛實使之為相

其民族使我們之子孫之衛我們先代

以及後來子孫之使之朝代將之名之稱子孫為都為都人後世之功

朝之朝之及之川人同可見其出之路，不請書之十五年宋合

以人情之不可以越郎官亡矣 時公元千年春林日 同讀者

周禮周語以[illegible]周制有之曰列樹以表道左氏
襄公九年[illegible]人鄭人修[illegible]國[illegible]新行[illegible]
行[illegible]表道樹是以見已日

十[illegible]了[illegible]書上陰[illegible]矣[illegible]之[illegible]
南[illegible]之人
已驗矣

四[illegible]廿五[illegible]樹[illegible]

桓公曰五衢之民衰然多衣弊而屨穿寡人欲使帛布絲纊之賈賤爲之有道乎管子曰請以令沐途旁之樹枝使無尺寸之陰桓公曰諾行令未能一歲五衢之民皆多衣帛完屨桓公召管子而問曰此其何故也管子對曰途旁之樹未沐之時五衢之民男女相好往來之市者罷市相睹樹下談語終日不歸男女當壯扶輦推輿相睹樹下戲笑超距終日不歸父兄相睹樹下論議玄語終日不歸是以田不發五穀不播麻桑不種繭縷不治內嚴一家而三不歸則帛布絲纊之賈安得不貴桓公曰善

樹下[illegible]

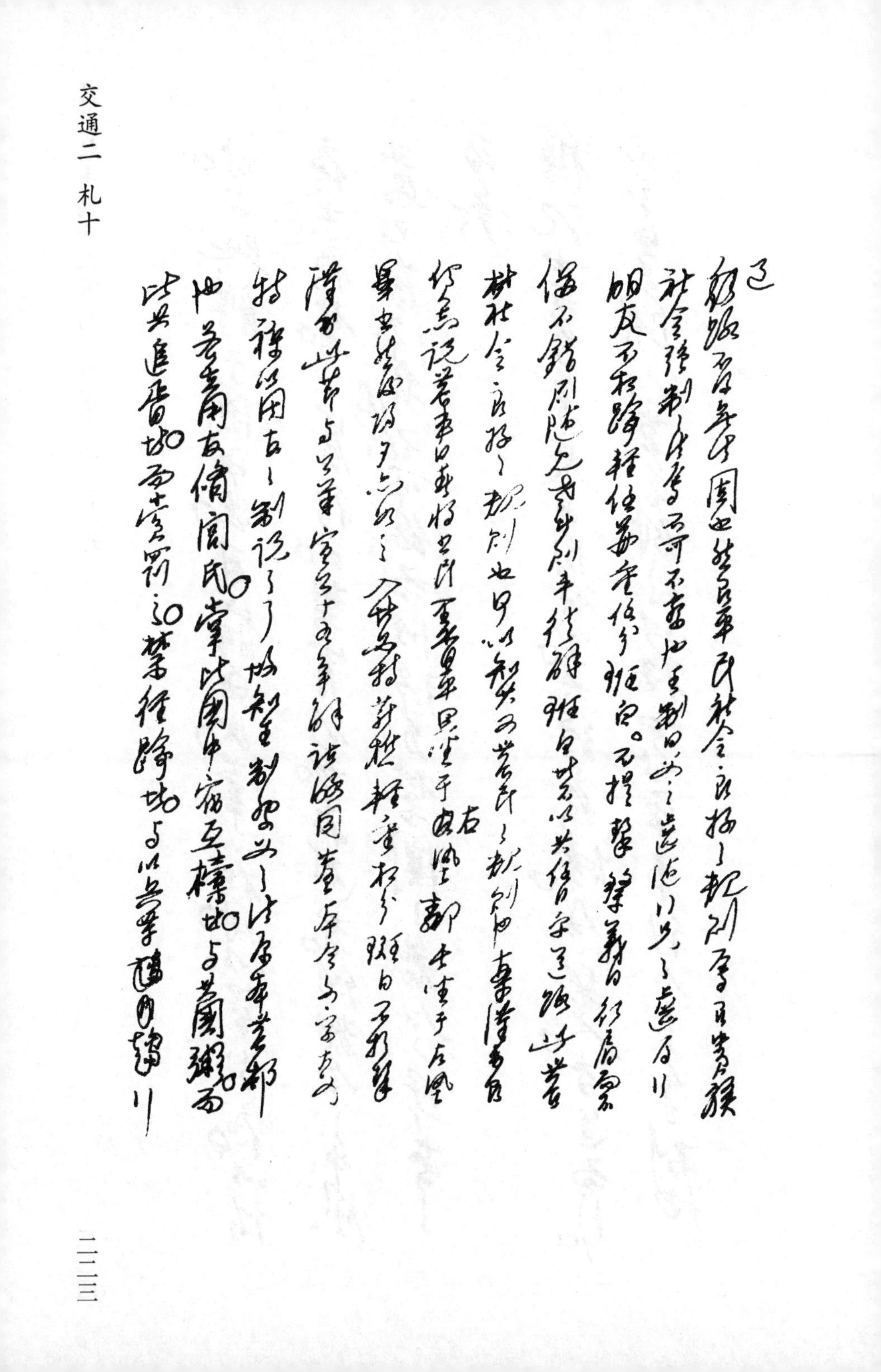

[illegible]

者，與馳騁于國中者。司寤氏，掌夜時，以星分夜，以詔夜士夜禁。禦晨行者，禁宵行者、夜遊者。則都令中風氣亦已有治安可循焉。以殘多禁圃之義今猶存焉矣。

禮記士喪禮天子閏也三十六維庭燎者，良棄人書道焉爾。不知出於何人，草其歸，當其本，亦其爭弟神，今之制也。

候人上士六人下士十有二人史六人徒百有二十人候候迎賓客之來者疏注候候至來者。釋曰在此者按其職云各掌其方之道治與其禁令以設候人是候迎賓客之事故詩云彼候人兮荷戈與祋亦是武事故在此也

候人各掌其方之道治與其禁令以設候人道治治道也國語曰候不在竟譏不居其方也禁令備姦冦也以設候人者選士卒以爲之詩云彼候人兮何戈與祋。治直吏反注道治及下方治同何胡我反又音河祋都外反劉睹律反疏候人至候人。釋曰言各掌其方之道治與其禁令以設候人者以其上士六人下士十有二人徒百有二十人以道路多故設官及徒亦多也引國語者按周語定王使單襄公聘于宋遂假道于陳以聘於楚時候不在境司空不視塗膳宰不致饟司里不授館單子歸以告王曰陳侯不有大咎國必亡言譏者正謂陳侯不有大咎國必亡者也詩云彼候人兮荷戈與祋者荷揭也祋謂殳也引此二者證候人在道之事鄭言候人者選士卒以爲之者即徒百二十人皆是甲士與步卒之內爲之也

若有方治則帥而致于朝及歸送之于竟方治其方來治國事者也春秋傳曰晉欒盈過周王使候人出諸轘轘是其送之。朝直遥反轘戶關反疏注方治至送之。釋曰方治其方來治國事者也謂國有事不能自決當決於王國或有國事須報在上皆是也引春秋者按襄二十一年晉欒盈出奔楚過周周西鄙掠之辭於行人曰天子陪臣盈得罪於王之守臣將逃罪罪重於郊甸無所伏竄敢布其死昔陪臣書能輸力於王室若不棄書之力亡臣猶有所逃若棄書之力將歸死於尉氏惟大君命焉王使司徒禁掠欒氏者歸所取焉使候出諸轘轘彼云候鄭君以義言之故言候人也

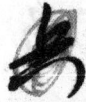

田單列傳第二十二

田單者齊諸田疏屬也〔索隱〕單音丹 湣王時單爲臨菑市掾不見知及燕使樂毅伐破齊齊湣王出奔已而保莒城燕師長驅平齊而田單走安平〔集解〕徐廣曰今之東安平也在青州臨菑縣東十九里古紀之酅邑齊改爲安平秦滅齊改爲東安平縣屬齊郡以定州有安平故加東字〔索隱〕地理志東安平屬菑川國 令其宗人盡斷其車軸末而傅鐵籠〔集解〕徐廣曰傅音附〔索隱〕斷音都緩反斷其軸恐長相撥也以鐵鍱裹軸頭堅而易進也傅者敷其軸與轂齊以鐵鍱附軸末施轄於鐵中以制轂也又方言曰車轊齊謂之籠郭璞云車軸也已 而燕軍攻安平城壞齊人走爭塗以轊折車敗〔集解〕徐廣曰轊車軸頭也音衛 爲燕所虜唯田單宗人以鐵籠故得脫東保即墨燕既盡降齊城唯獨莒即墨不下燕軍聞齊王在莒并兵攻之淖齒〔集解〕徐廣曰多作悼齒也 既殺湣王於莒因堅守距燕軍數年不下燕引兵東圍即墨即墨大夫出與戰敗死城中相與推田單曰安平之戰田單宗人以鐵籠得全習兵立以爲將軍以即墨距

燕

交通

重車

輂駕馬

及昏楚師軍於邲晉之餘師不能軍不能成營屯宵濟亦終夜有聲言其兵衆將不能用。將子匠反丙辰楚重至於邲重輜重也。重直勇反又直用反注上重字同輜側其反重也直用反疏注重輜重也。正義曰輜重載物之車也說文云輜一名軿前後蔽也蔽前後以載物謂之輜車載物必重謂之重車人挽以行謂之輦輜重輦一物也襄十年傳稱秦堇父輦重如役挽此車也輜重載器物糧食常在軍後故乙卯日戰丙辰始至於邲也周禮鄉師大軍旅會同正治其徒役與其輂輦鄭玄云輂駕馬輦人輓行所以載任器也止以為蕃營司馬法曰夏后氏謂輂曰余車殷曰胡奴車周曰輜輦輦一斧一斤一鑿一梩一鋤周輦加二版二築又曰夏后氏二十人而輦殷十八人而輦周十五人而輦說者以為夏出師不踰時殷踰時周歷時故前世輦少而後世輦多遂次于衡雍

宣十二

[illegible]

革騎吾兄

畢子腴號萬二丈椅乃烏族

隧降以無舟梁而知陳之必亡 見周語

地 (一)遺人 掌邦之委積以待施惠……郊里之委積以待賓客野鄙之委積以待羈旅

凡賓客會同師役掌其道路之委積 凡國野之道十里有廬廬有飲食 三十里有宿宿有路室路室有委 五十里有市市有候館候館有積

地 (二)委人 掌斂野之賦斂薪芻凡疏材木材凡畜聚之物以稍聚待賓客以甸聚待羈旅

秋 (三)訝士 邦有賓客則與行人送逆之入於國則為之辟禁野之橫行徑踰者

秋 (四)掌訝 掌邦國之等籍以待賓客 若將有國賓客至則戒官修委積 與士逆賓于疆為前驅而入 及宿則令聚柝

秋 (五)環人 掌送逆邦國之通賓客以路節達諸四方 舍則授館 令聚柝 有任器則令環之 凡門關無幾 送逆及疆

秋 (六)懷方氏 掌來遠方之民 致方貢 致遠物而送逆之 達之以節 治其委積館舍飲食

(七)野廬氏

掌達國道路至于四畿 比國郊及野之道路宿息井樹 若有賓客則令守涂地之人聚柝之 有相翔者則誅之 凡道路之舟車擊互者敘而行之 凡有節者及有爵者至則為之辟 禁野之橫行徑踰者 凡國之大事比修除道路者

孔子之衛，遇舊館人之喪，前日君所使舍已入而哭之哀。出，使子貢

說驂而賻之。賻助喪用也騑馬曰驂○稅本又作說同他活反徐又如銳反下及注同驂七南反夾服馬也騑芳非反子貢曰：於門人之喪，未有所說驂，說

驂於舊館，無乃已重乎。言說驂大重比於門人恩爲偏頗○頗破多反夫子曰：予鄉者入而哭之，遇於一哀而出涕。遇見

也舊館人恩雖輕我入哭見主人爲我盡一哀是以厚恩待我我爲出涕恩重宜有施惠○鄉本又作嚮許亮反出如字徐尺遂反涕音體施始豉反予惡夫涕之無從也，小子行之。客行

無他物可以易之者使遂以往○惡烏路反夫音扶【疏】孔子至行之○正義曰此一節論孔子欲示人行禮副忠信之事各依文解之○注前日君所使舍已○正義曰知非舊所經過主人必以爲君所使舍已者若是經過主人當云

遇舊主人之喪故禮稱皆云主人是以左傳云以爲東道主又云昔吾主於趙氏皆主人爲主今此云館人明舊館舍於

已故以爲君所使舍已者○注賻助至曰驂○正義曰謂助生者喪家使用故既夕禮知死者贈知生者賻是賻爲助生

也熊氏以此賻助喪用謂助死者因云賻得生死兩施熊氏非也案隱元年穀梁傳云錢財曰賻此用馬者則財也故少

儀云賻馬不入廟門云騑馬曰驂者說文云騑旁馬是在服馬之旁又詩云騏騮是中騧驪是驂驂在外也孔子得有驂

馬者案王度記云天子駕六馬諸侯四大夫三士二古毛詩云天子至大夫皆駕四孔子既身爲大夫若依王度記則有

一驂馬也若依毛詩說則有二驂馬也○子貢至行之以子貢不欲說驂故夫子語其說驂之意云我所說驂者我鄉者

入而哭之遇值主人盡於一哀是厚恩待我我爲之出涕既爲出涕當有厚施惠予惡夫涕之無從者謂我感舊館人恩

深涕淚交下豈得虛然客行更無他物易換此馬女小子但將驂馬以行之副此涕淚然論語云顏回之喪子哭之慟慟

比出涕慟則爲甚矣又舊館之恩不得比顏回之極而說驂於舊館惜車於顏回者但舊館情疏厚恩待我須有賵賻故

說驂賻之顏回則師徒之恩親乃是常事則顏回之死必當以物與之顏路無厭更請賣車爲椁以其不知止足故夫子

[illegible]

侍會

平原大判侍生侍會吳子李周

宣寧大判侍生侍會李寬代會

道家

廣陵蘭杜子列傳「舍於廣成傳舍」崇陵

廣成宮傳舍之名始書法遐矣」

交通

范雎亡伏匿更名姓曰張祿當此時秦昭王使謁者王稽於魏鄭安平詐爲卒侍王稽【正義】卒子律反 王稽問魏有賢人可與俱西游者乎鄭安平曰臣里中有張祿先生欲見君言天下事其人有仇不敢晝見王稽曰夜與俱來鄭安平夜與張祿見王稽語未究王稽知范雎賢謂曰先生待我於三亭之南【索隱】三亭亭名在魏境之邊道亭也今無其處一云魏之邠境總有三亭皆祖餞之處如今與鄭三亭之南蓋送餞別人之處所也【正義】括地志云三亭岡在汴州尉氏縣西南三十七里按三亭岡在山部中名也蓋岡亭誤爲南 與私約而去王稽辭魏去過載范雎入秦至湖關【索隱】地理志京

出後魏齊悔復召求之魏人鄭安平聞之乃遂之

亡其言臣者賤而不可用乎【索隱】亡猶輕蔑也 自非然者臣願得少賜游觀之間望見顏色一語無效請伏斧質於是秦昭王

乃謝王稽使以傳車召范雎【集解】徐廣曰一云使持車【索隱】徐按戰國策文也

范雎蔡澤列傳

同上

卿

賓皮弁迎大夫于外門外再拜大夫不荅拜大夫使者卿也疏賓皮至荅拜○注大夫使者卿也○釋曰云外門外者謂於主人大門外入大門東行即至廟門也云不荅拜者亦以爲君使不敢當故也云大夫使者卿也者即上卿韋弁者也揖入及廟門賓揖入賓與使者揖而入使者止執幣賓俟之于門內謙也古者天子適諸侯必舍於大祖廟諸侯行舍于諸公廟大夫行舍于大夫廟疏揖入至揖入○注賓與至夫廟○釋曰云使者止執幣者下經始云大夫奉束帛入明此賓揖入時使者止執幣可知云賓俟之于門內謙也者聘時主君揖入立于庭尊卑法此賓與使者敵故賓在門內謙也云門內即宁下故下賓問卿云及廟門大夫揖入鄭注入者省內事也既而俟于宁下是也云古者天子適諸侯必舍于大祖廟者案禮運云天子適諸侯必舍其祖廟下記云卿館於大夫大夫館于士士館于工商鄭注云不館於敵者之廟爲大尊也以此差之諸侯無正文鄭注舍于諸公廟者諸公大國之孤云大夫行舍于大夫廟者謂卿舍于大夫也若無孤之國諸侯舍於卿廟也

十三經注疏　儀禮二十二　聘禮　三

天子適諸侯舍于大祖廟

諸侯行舍諸公廟——大國之孤——無孤卿廟

大夫行舍大夫廟‖卿館于大夫

卿館于大夫〃館于士〃館于工商

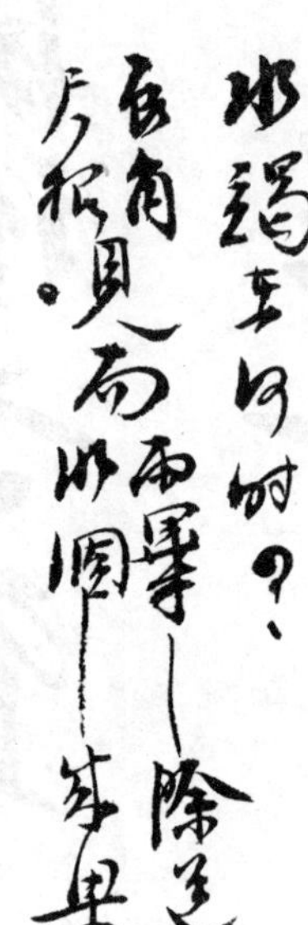

雷始收聲蟄蟲坏戶殺氣浸盛陽氣日衰水始涸又記時候也雷始收聲在地中動內物也坏益也蟄蟲益戶謂稍小之也涸竭也此甫八月中雨氣未止而云水竭非也周語曰辰角見而雨畢天根見而水涸又曰雨畢而除道水涸而成梁辰角見九月本也天根見九月末也王居明堂禮曰季秋除道致梁以利農也○坏音陪浸子鴆反涸戶各反見賢遍反下同

疏 注雷始至利農

正義曰知動內物者以雷是陽氣主於動不惟地中潛伏而已至十一月一陽初生震下坤上復卦用事震爲動坤爲地是動於地下是從此月爲始故云動內物也云蟄蟲益戶稍小之者戶謂穴也以土增益穴之四畔使通明處稍小所以然者以陰氣將至此以坏之稍小以時氣尚溫猶須出入故十月寒甚乃閉之也云此甫八月中雨氣未止而云水竭非也者甫始也以雨畢在九月之初今此始八月之中對九月爲始八月宿直昴畢畢星主雨故云雨氣未止今言水竭非也引周語以下者證九月水始涸不得在八月也云辰角見而雨畢注云辰角大辰蒼龍之角角星名見者朝見東方殺氣日盛雨氣盡也云天根見而水涸者注云天根亢氐之間謂寒露雨畢之後五日天根朝見水潦盡竭又云雨畢而除道水涸而成梁者以國語上文既云水涸下又云水畢除道故云又曰所以除道治梁者國語注治道所以便行旅通也成梁所以使民不涉皆國語文云辰角見九月本天根見九月末此鄭之言也九月本謂九月之初也按律曆志角十二度亢九度天根在亢之後辰角與天根相去二十一度餘日校一度則九月本與九月末相去二十一日有餘也而韋昭注國語辰角見雨畢之後五日天根見不同者蓋辰角見後雨以漸而畢畢後五日始天根見中間亦校二十餘日也非謂辰角見後五日則天根見也國語皆謂朝見以今曆驗之亦然而皇氏云九月之時辰角天根昏見東方未聞也不知何意如此之說此周語所云單襄公聘宋假道於陳見靈公與孔寧儀行父如夏氏單襄公歸告周定王之辭也鄭又引王居明堂禮以下者證雨畢水涸在季秋也云除道致梁以利農者農既收刈當運輦故法地治道水上爲梁便利民之轉運故云以利農也

○是月也日夜分

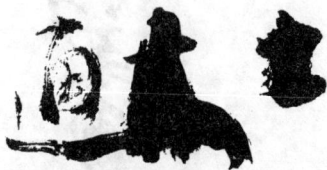

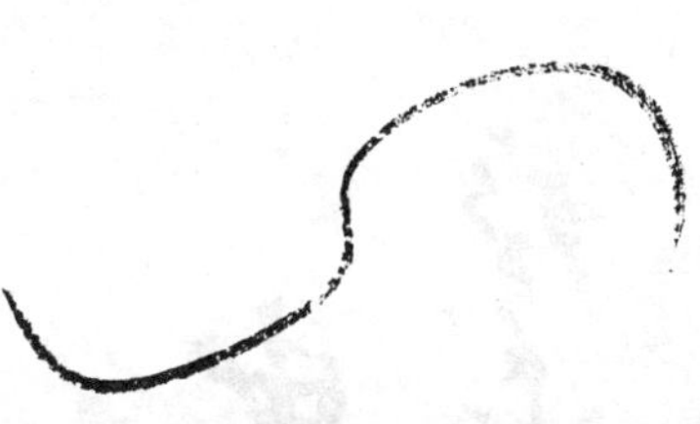

相擊故云轚互者云車有轊轊坻閡者案襄二十一年晉欒盈有罪適楚過於周周西鄙掠之告於周使候出諸轘轅是轘轅也坻閡道路之名也云舟有砥柱之屬者按禹貢導河積石至于龍門南至于華陰東至於底柱孔安國云底柱山名河水分流包山而過山見水中若柱然在西虢之界是底柱爲水之溢道者也

凡有節者及有爵者至則爲之辟 辟辟行人亦使守涂地者 疏 注凡有至之辟○釋曰云凡有節者謂若諸侯之使則有山國用虎節之等若民自往來則有道路用旌節之等及有爵已上皆爲之辟止行人使無使犯者也

禁野之橫行徑踰者 皆爲防姦也橫行妄由田中徑踰射邪趍疾越隄渠也○射食亦反邪似嗟反隄丁兮反 疏 注皆爲至渠也○釋曰言橫行者不要東西爲橫南北爲縱但是不依道塗妄由田中皆是橫也徑謂不遵道而射邪趍疾踰越也謂越隄渠者也

凡國之大事比脩除道路者 比校治道者名若今次金敘大功 疏 注比校至大功○釋曰大事謂若征伐巡守田獵郊祀天地王親行所經並須修除道路及脩廬校比民夫使有功效故云比校治道者名也云若今次金敘大功者謂漢時主役之官官名次金敘主以丈尺賦功今俗本多誤爲次叙大功也

掌凡道禁 禁謂若今絕蒙布巾持兵杖之屬○杖直亮反 疏 注禁謂至之屬○釋曰古時禁書亡故舉漢法而言也

非之大師則令埽道路且以幾禁行作不時者不物者 不時謂不夙則莫者也不物謂衣服操持非常人也幾禁之者備姦人內賊及反間○莫音暮操七曹反間間廁之間 疏 注不時至反間○釋曰不言大事而云大師惟謂征伐者也云幾禁之者備姦人內賊及反間者內賊謂賊在內起反間謂外賊密來覘探問候國家反彼論說按孫子兵法云三軍之事莫親於反間是也

野廬氏掌達國道路至于四畿 達謂巡行通之使不陷絕也去王城五百里曰畿○行下孟反 疏 注達謂至曰畿○釋曰云巡行者國之道路使其地之人治之野廬氏直巡行不通之處使人治之使無陷絕也

比國郊及野之道路宿息井樹 比猶校也宿息廬之屬賓客所宿及晝止者也井共飲食樹爲蕃蔽 疏 注比猶至蕃蔽○釋曰此經所云王爲賓客在道須得供承守衛之事國郊謂近郊遠郊野謂百里外至畿宿謂十里有廬三十里有宿五十里有市直言宿者舉中言之故云廬之屬以苞之息賓客晝止之處井樹者賓客所須者也

若有賓客則令守涂地之人聚欜之有相翔者誅之 守涂地之人道所出廬宿旁民也相翔猶昌翔觀伺者也鄭司農云聚欜之聚擊欜以宿衛之也有姦人相翔於賓客之側則誅之不得令寇盜賓客○欜音託令力呈反下欲令同 疏 注守涂至賓客○釋曰守塗地之人道所出廬宿旁民也者道路之旁皆有民當處有賓客止宿即使聚欜之不使失脫也云相翔猶昌翔觀伺者也者謂昌狂翔觀伺賓客先鄭云聚欜之聚擊欜以宿衛之也者謂其地之人自聚擊欜無行夜故使宿衛自擊宮正之等使行夜者擊欜校比直宿者彼夜行者與此異也

凡道路之舟車轚互者敘而行之 舟車轚互謂於迫隘處也車有轊轊坻閡舟有砥柱之屬其過之者使以次敘之○轚音計沈古的反隘烏賣反轘戶關反本亦作轘同坻徐之豕反劉都禮反砥音旨 疏 注舟車至敘之○釋曰云轚互者謂水陸之道舟車往來狹隘之所更互

史學叢

燼餘殘稿二 叢殘偶錄

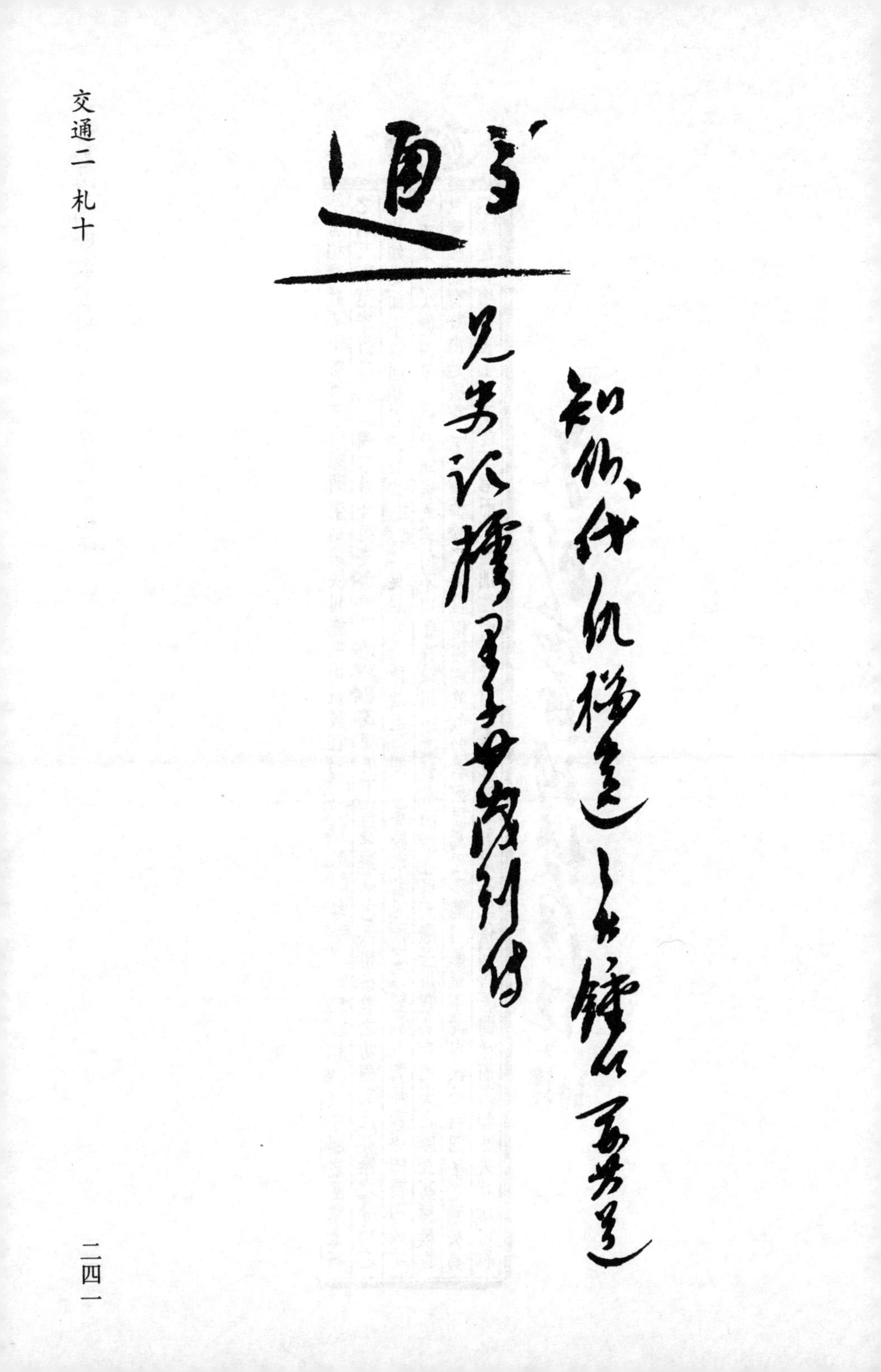

今君相秦計不下席謀不出廊廟坐制諸侯利施三川以實宜陽（正義施猶展也言伐得三川之地以實宜陽言展開三川實宜陽）決羊腸之險塞太行之道又斬范中行之塗六國不得合從棧道千里通於蜀漢使天下皆畏秦秦之欲得矣君之功極矣此亦秦之分功之時也如是而不退則商君白公（集解徐廣曰白起）吳起大夫種是也吾聞之鑒於水者見面之容鑒於人者知吉與凶書曰成功之下不可久處四子之禍君何居焉君何不以此時歸相印讓賢者而授之退而巖居川觀必有伯夷之廉長爲應侯世世稱孤而有許由延陵季子之讓喬松之壽孰與以禍終哉即君何居焉忍不能自離疑不能自決必有四子之禍矣易曰亢龍有悔此言上而不能下信而不能詘往而不能自返者也願君孰計之應侯曰善吾聞欲而不知止失其所以欲

侯之宮外門曰皐門朝門曰應門內有路門天子之宮加以庫雉案鄭玄注周禮秋官朝士職王五門皐庫雉應路也又曰天子諸侯皆有三朝外朝一內朝二其天子外朝一者在皐門之內庫門之外大詢衆庶之朝也朝士掌之內朝二者正朝在路門外司士掌之燕朝在路門內大僕掌之諸侯之外朝一者在皐門內應門外內朝二者亦在路寢門之外內以正朝在應門內故謂應門爲朝門也注宮門雙闕○釋曰周禮大宰正月之吉縣治象之法于象魏使萬民觀治象鄭衆云象魏闕也劉熙釋名云闕在門兩旁中央闕然爲道也白虎通云闕是闕疑義亦相兼然則其上縣法象其狀魏魏然高大謂之象魏使人觀之謂之觀也是觀與象魏闕一物而三名也以門之兩旁相對爲雙故云雙闕注左傳曰盟諸僖閎○釋曰襄十一年傳文也案彼云季武子將作三軍叔孫穆子曰然則盟諸乃盟諸僖閎杜注云僖宮之門是也注公羊傳曰齒著于門闔○釋曰莊十二年傳文也案彼云宋萬搏閔公絕其脰仇牧聞君弒趨而至遇之于門手劍而叱之萬臂摋仇牧碎其首齒著乎門闔何休云闔扇也是矣注左傳曰高其閈閎○釋曰襄三十一年傳云子產相鄭伯以如晉晉侯以我喪故未之見也子產使盡壞其館之垣而納車馬焉士文伯讓之曰敝邑以政刑之不脩寇盜充斥無若諸侯之屬辱在寡君者何是以令吏人完客所館高其閈閎是也案說文云閈門也汝南平輿里門曰閈閈既爲門故郭氏以閎爲長杙即門橜也杜預云閎門也非郭義也

瓴甋謂之甓（甋甎也今江東呼瓴甓○瓴靈甋的甓蒲覓切）

【疏】瓴甋謂之甓○釋曰瓴甋一名甓郭云甋甎也今江東呼瓴甓詩陳風云中唐有甓是也

宮中衖謂之壼（巷閤間道）廟中路謂之唐（詩曰中唐有甓）堂途謂之陳（堂下至門徑也）路旅途也（途即道也）路場猷行道也（博說道之異名）一達謂之道路（長道）二達謂之岐旁（岐道旁出也）三達謂之劇旁（今南陽冠軍樂鄉數道交錯俗呼之五劇鄉）四達謂之衢（交道四出）五達謂之康（史記所謂康莊之衢）六達謂之莊（左傳曰得慶氏之木百車於莊）七達謂之劇驂（三道交復有一歧出者今北海劇縣有此道）八達謂之崇期（四道交出）九達謂之逵（四道交出復有旁通○壼苦本切劇極）

【疏】宮中至九達○釋曰此別衖道之異名也宮中衖閤間道名壼孫炎曰巷舍間道也王肅曰今後宮稱永巷是宮內道名也廟中之路名唐堂下至門徑名陳路旅皆途之別名也途即道也路場猷行四者皆是道之異名也一達長道謂之道路岐分二達者謂之岐旁言岐道旁出也岐分三達者謂之劇旁孫炎云旁出岐多故曰劇交道四達謂之衢交道四出復有一旁達謂之康孫炎云康樂也交會樂道也交道六出謂之莊孫炎云莊盛也道煩盛三道交出復有一歧出者謂之劇驂四道交出謂之崇期四道交出復有一歧出者謂之逵注詩曰中唐有甓○釋曰此陳風防有鵲巢篇文也注史記所謂康莊之衢○釋曰案史記列傳云騶奭者齊諸騶子亦頗采騶衍之術以紀文於是齊王嘉之自如淳于髡以下皆命曰列大夫爲開第康莊之衢是也注左傳得慶氏之木百車於莊○釋曰案襄二十八年齊慶封謀殺子雅子尾陳文子謂桓子曰禍將作矣吾其何得對曰得慶氏之木百車於莊杜注云慶封時有此木積於六軌之道是也注四道交出復有旁通○釋曰詩周南云施于中逵毛傳云逵九達之道是也案左傳隱十一年云及大逵桓十四年焚渠門入及大逵莊二十八年衆車入自純門及逵市宣十二年入自皇門至于逵路杜預皆以爲道並九軌案周禮經涂九軌不名曰逵杜意蓋以鄭之城內不應有九出之道故以爲並九軌於此則不合也

室中謂之時堂上謂之行堂下謂之步門外謂之趨中庭

逵九軌

於鄭每言逵

子都拔棘以逐之子都公孫閼棘戟也及大逵弗

及子都怒逵道方九軌也○逵求龜反爾雅云九逵謂之逵杜云道方九軌此依考工記疏注逵道方九軌也○正義曰冬官考工記匠人營國經涂九軌軌車轍謂王城之內道廣兼九車也爾雅釋宮云一達謂之道路二達謂之歧旁三達謂之劇旁四達謂之衢五達謂之康六達謂之莊七達謂之劇驂八達謂之崇期九達謂之逵說爾雅者皆以爲四道交出復有旁通故劉炫規過以逵爲九道交出也今以爲道方九軌者蓋以九出之道世俗所希不應城內得有此逵又記有九軌故以逵當之謂容九軌皆得前逵亦是九達之義故李巡注爾雅亦取並軌之義又涂方九軌天子之制諸侯之國不得皆有雖鄭城之內亦有其涂故傳於鄭國每言逵也故桓十四年焚渠門入及大逵莊二十八年衆車入自純門及逵市宣十二年入自皇門至于逵路劉君以爲國皆有逵道以規杜氏其義非也

十三經注疏　春秋左傳四　隱公十一年　二十七

左隱十一

仲（欲與共謀子雅子尾）平仲曰嬰之衆不足用也知無能謀也言弗敢出（不敢漏謀。知無音智）有盟可也子家曰子之言云（子家析歸父）又焉用盟告北郭子車（子車齊大夫）子車曰人各有以事君非佐之所能也（佐子車名）陳文子謂桓子（桓子文子之子無宇）曰禍將作矣吾其何得對曰得慶氏之木百車於莊（慶封時有此木積於六軌之道）【疏】注慶封至之道。正義曰釋宮云六達謂之莊注爾雅者皆以爲六道旁出杜以九達並九軌故亦以莊爲六軌也文子曰可慎守也已（善其不志於貨財）盧蒲癸王何

襄廿八

通史

司空[illegible]通史跋

三月　[illegible]通[illegible]

[illegible]

[illegible]

十三經注疏　周禮十五　地官司徒下　廿四

商所豫資待時而賣者乃不爲犯其商所不賚謂非民常用之物則舉之没入官也以其財養死政之老與其孤財所謂門關之委積也死政之老死國事者之父母也孤其子疏注財所至其子。釋曰云財所謂門關之委積也者即上遺人云門關之委積以養老孤云死政之老死國事者之父母也孤其子者即外饔云邦饗耆老孤子養與此同

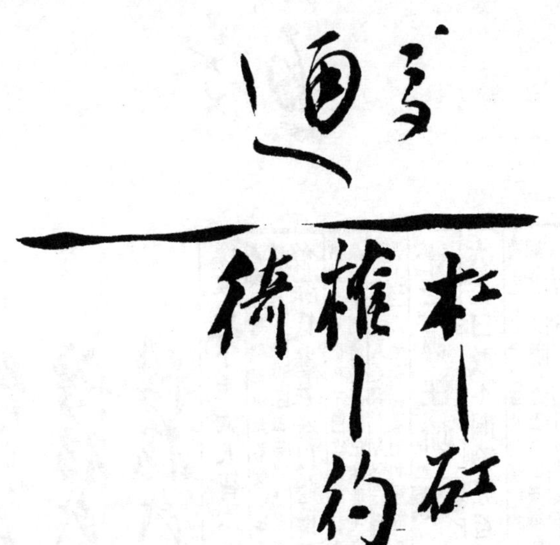

[illegible]

條狼氏—滌除狼以釋

條狼氏與旅

條狼氏與誓

條狼氏下士六人胥六人徒六十人杜子春云條當爲滌器之滌玄謂滌除也狼狼扈道上○條音滌徒歷反注同疏條狼至十人○釋曰在此者案其職云掌執鞭以趨辟凡誓僕及誓馭之等是禁戒之事故在此也○注杜子至道上○釋曰云滌器之滌者讀從特牲少牢滌溉器等之滌也云狼狼扈道上者謂不潔之物在道猶今言狼藉也

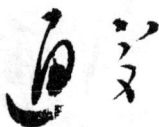

條狼氏掌執鞭以趨辟王出入則八人夾道公則六人侯伯則四人子男則二人趨辟趨而辟行人若今卒辟車之爲也孔子曰富而可求雖執鞭之士吾亦爲之言士之賤也○趨辟七須反下婢亦反又音避劉薄易反徐扶亦反注趨辟辟行人同卒子忽反下衍卒同辟車必亦反又婢亦反疏條狼至二人○釋曰按序言條狼氏下士六人胥六人徒六十人今云天子八人少二人矣蓋取胥徒中兼充也

凡誓執鞭以趨於前且命之誓僕右曰殺誓馭曰車轘誓

十三經注疏　周禮三十七　秋官司寇下　六

大夫曰敢不關鞭五百誓師曰三百誓邦之大史曰殺誓小史曰墨前謂所誓衆之行前也有司讀誓辭則大言其刑以警所誓也誓者謂出軍及將祭祀時也出軍之誓誓左右及馭則書之甘誓備矣郊特牲說祭祀之誓曰卜之日王立于澤親聽誓命受教諫之義也軍轘謂車裂也師樂也大史小史主禮事者鄭司農云誓大夫曰敢不關謂不關於君也玄謂大夫自受命以出則其餘事莫不復請○轘戸串反一音環大音泰注同行戸剛反警京領反復請劉上音服下音情疏凡誓至曰墨○釋曰誓自有六官若月令田獵司徒北面以誓之誓時此條狼氏則爲之大言使衆聞知故云且命之誓僕右者僕大僕與王同車故大僕職云軍旅賛王鼓注云佐擊其餘面通右與馭及王四乘也右謂勇力之士在車右備非常誓馭謂與王馭車者也○注前謂至復請○釋曰云謂出軍及將祭祀時也者若且命以上軍旅祭祀同有此事矣

右四乘校軍旅時師與大史小史皆據祭祀時大夫敢不關亦據祭祀須關君是以鄭引甘誓證軍旅引郊特牲證祭祀也云甘誓備矣者按甘誓云左不攻于左汝不恭命右不攻于右汝不恭命馭非其馬之正汝不恭命用命賞于祖弗用命戮于社予則孥戮汝是其備也郊特牲者王將祭之時故云卜之日王立于澤謂在澤宮也澤宮者擇士可與祭者之宮親自聽有司誓命此是受教諫之義也云車轘謂車裂也者春秋左氏傳云轘觀起於四境是也師知是樂師者以其下有大史小史皆掌禮禮樂相將故知師是樂師大師瞽人之長也鄭司農云誓大夫曰敢不關謂不關於君也此先鄭義未足故後鄭增成之玄謂大夫自受命以出則其餘事莫不復請言此者欲見受命出征梱外之事將軍裁之不須復請除此以外其無不復請皆須請於君乃得行事是以襄公十九年秋七月辛卯齊侯瑗卒晉士匄帥師侵齊至穀聞齊侯卒乃還公羊傳曰還者何善辭也何善爾大其不伐喪也此受命乎君而伐齊則何大乎其不伐喪大夫以君命出進退在大夫也是其不復請君之事也若穀梁大夫雖在外猶當復請于君不敢專故曰還者事未畢之辭也受命而誅生死無所加其怒不伐喪善之也善之則何爲未畢也君不尸小事臣不專大名善則稱君過則稱已則民作讓矣士匄外專君命故非之也然則爲士匄者宜奈何宜墠帷而歸命乎介是其雖在外不得專命之事也

雍氏—掌溝瀆澮池之禁 及山澤之沈者

雍氏下士二人徒八人雍謂隄防止水者也○雍於勇反劉如字注同隄丁兮反疏注雍謂至者也○釋曰在此者案其職云溝瀆澮池之禁亦是禁戒之事故在此也

雍氏掌溝瀆澮池之禁凡害於國稼者春令爲阱擭溝瀆之利於民者秋令塞阱杜擭溝瀆澮田間通水者也池謂陂障之水道也害於國稼謂水潦及禽獸也阱穿地爲塹所以禦禽獸其或超踰則陷焉世謂之陷阱擭柞鄂也堅地阱淺則設柞鄂於其中秋而杜塞阱擭收刈之時爲其陷害人也書禁誓曰敜乃擭敜乃阱時秋也伯禽以出師征徐戎○澮古外反阱在性反塹也擭胡化反陂披宜反障之尚反塹七豔反本又作塹柞劉才伯反或在洛反鄂劉五洛反或五各反棠音秘敜音杜敜乃協反又乃結反徐劉本作郤音徐疏雍氏至杜擭釋曰掌溝瀆澮池之禁凡害於國稼者溝瀆澮池或田間通水或在田外所須本爲利民而造其中有放溢奔流爲害者則禁之凡害於國稼者謂水潦之等春令爲阱擭溝瀆之利於民者阱擭以取禽獸溝瀆所以通水是皆利於民故春使爲之也○注溝瀆至徐戎○釋曰云溝瀆澮田間通水者也者按遂人匠人惟有遂溝洫澮川不見有瀆此云瀆亦田間通水者但注瀆曰川或可以川爲瀆舉其類也云池謂陂障之水道也者詩云彼澤之陂毛云澤障曰陂今云陂障之水道謂障澤爲陂之時於澤通水入陂之道曰池云阱穿地爲塹者此則深爲不須別設柞鄂擭則堅地不可得深故須柞鄂柞鄂者或以爲豐柞於中向上鄂鄂然所以載禽獸使足不至地不得躍而出謂之柞鄂也書禁誓者彼云魯侯伯禽宅曲阜徐戎並興伯禽往征有此塞阱杜擭之事故引以爲證也云時秋也者彼不見時節但此說在秋明彼亦秋數得有敜擭敜阱之事也禁山之爲苑澤之沈者爲其就禽獸魚鱉自然之居而害之鄭司農云不得擅爲苑囿於山也澤之沈者謂毒魚及水蟲之屬○苑於阮反劉於願反疏注爲其至之屬○釋曰先鄭云不得擅爲苑囿於山義雖與後鄭異得爲一義故引之在下文云沈者謂毒魚及水蟲之屬者謂別以藥沈於水中以殺魚及水蟲不謂鴆故不作鴆作沈也

の義
尚希賜論八条
擇定之可否一

通鑑

記紀周十三·四頁上下 兩頁下

四載

劉

路[illegible][illegible]二十八

變通

古史之載多歧異文

作者所以假別之乃

橋

路勘稽件帳 21

九州之土地也表木謂刊木立爲表記尚書作隨山刊木定高山大川【集解】馬融曰定其差秩祀禮所視也駰案尚書大傳曰高山大川五嶽四瀆之屬禹傷先人父鯀功之不成受誅乃勞身焦思居外十三年過家門不敢入薄衣食致孝于鬼神【集解】馬融曰祭祀豐絜卑宮室致費於溝淢【集解】包氏曰方里爲井井間有溝溝廣深四尺十里爲成成間有淢淢廣深八尺陸行乘車水行乘船泥行乘橇【集解】徐廣曰他書或作蕝駰案孟康曰橇形如箕擿行泥上如淳曰橇音茅蕝之蕝謂以板置其泥上以通行路也【正義】按橇形如船而短小兩頭微起人曲一腳泥上擿進用拾泥上之物今杭州溫州海邊有之也山行乘檋【集解】徐廣曰檋一作橋音丘遙反駰案如淳曰檋車謂以鐵如錐頭長半寸施之履下以上山不蹉跌也又音紀錄反【正義】按上山前齒

短後齒長下山前齒長後齒短也檋音與上同也左準繩右規矩【集解】王肅曰左右言常用也【索隱】左所運用堪爲人之準繩右所舉動必應規矩也載四時【集解】王肅曰所以行不違四時之宜也以開九

難禹曰何謂孳孳禹曰鴻水滔天浩浩懷山襄陵下民皆服於水予陸行乘車水行乘舟泥行乘橇山行乘檋行山栞木【正義】行寒孟反栞口寒反與益予衆庶稻鮮食【集解】孔安國曰鳥獸新殺曰鮮【索隱】予音與上與謂同與之與下予謂施予之予此禹言其與益施予衆庶之稻糧以決九川致四海浚畎

交通

史記商君列傳

五羖大夫之相秦也勞不坐乘暑不張蓋行於國中不從車乘不操干戈功名藏於府庫德行施於後世五羖大夫死秦國男女流涕【正義】音體童子不歌謠舂者不相杵【集解】鄭玄曰相謂送杵聲以音聲自勸也此五羖大夫之德也今君之見秦王也因嬖人景監以爲主非所以爲名也相秦不以百姓爲事而大築冀闕非所以爲功也刑黥太子之師傅殘傷民以駿刑是積怨畜禍也教之化民也深於命【索隱】劉氏云教謂商鞅之令也命謂秦君之命也言人畏鞅甚於秦君民之效上也捷於令【索隱】上謂商鞅之處分令謂秦君之教令今君又左建外易非所以爲教也【索隱】左建謂以左道建立威權也外易謂在外革易君命也君又南面而稱寡人日繩秦之貴公子詩曰相鼠有體人而無禮人而無禮何不遄死以詩觀之非所以爲壽也公子虔杜門不出已八年矣君又殺祝懽而黥公孫賈詩曰得人者興失人者崩此數事者非所以得人也君之出也後車十數從車載甲多力而駢脅者爲驂乘持矛而操闟【集解】駰案所及反戟者【集解】徐廣曰一作寮屈盧之勁矛干將之雄戟【索隱】闟亦作鈒同所及反鄒誕音吐臈反寮音遼屈音九勿反按屈盧干將並古良匠造矛戟者名【正義】顧野王云鏦也方言云矛吳揚江淮南楚五湖之間謂之鍦其柄謂之矜釋名云戟格也旁有格旁車而趨此一物不具君固不出

交通

史記河渠書禹行乘橋即今之轎

說文句讀本鄭欙

交通

輦右三劃

漢人本字之作作乘輿輦輔佐黃帝人

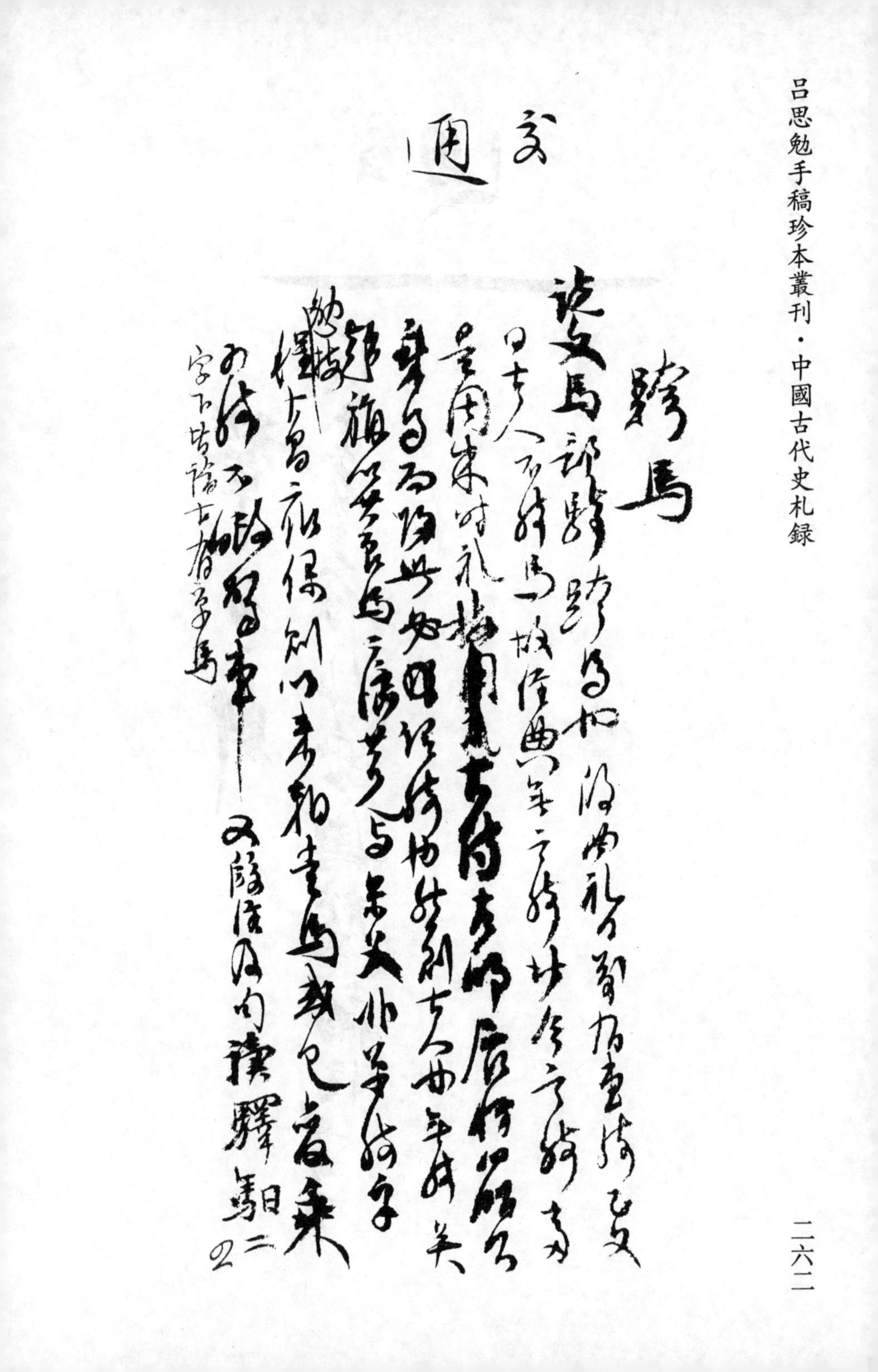

交通

驛馬

交通

能拔楚使春申君及魏公子將兵數十萬攻秦軍秦軍多失亡武安君言曰秦不聽臣計今如何矣秦王聞之怒彊起武安君【正義】彊其兩反武安君遂稱病篤應侯請之不起於是免武安君爲士伍遷之陰密【集解】徐廣曰屬安定【正義】故城在涇州鶉觚縣城西即古陰密國密康公國也武安君病未能行居三月諸侯攻秦軍急秦軍數却使者日至秦王乃使人遣白起不得留咸陽中武安君既行出咸陽西門十里至杜郵【索隱】按故咸陽城在渭北杜郵今在咸陽城中【正義】說文云郵境上行舍道路所經過今咸陽縣城本秦之郵也在雍州西北三十五里秦昭王與應侯羣臣議曰白起之

交通

王幸姬幸姬為言昭王昭王釋孟嘗君孟嘗君得出即馳去更封傳變名姓以出關【索隱】更改也改前封傳而易姓名不言是孟嘗君封傳今之驛券也夜半至函谷關【正義】關在陝州桃林縣西南十二里秦昭王後悔出孟嘗君求之已去即使人馳傳逐之孟嘗君至關關法雞鳴而出客孟嘗君恐追至客之居下坐者有能為雞鳴而雞盡鳴遂發傳出出如食頃秦追果至關已後孟嘗君出乃還始孟嘗君列此二人於賓客賓客盡羞之及孟嘗君有秦難卒此二人拔之自是之後客皆服

孟嘗君列傳

交通

駟氏子謝■子天驥子楷子產在鄙聞之懼弗及乘

遽而去　左昭二　楚子乘馹會師于臨品　晉語五

伯宗同之　彌矣之今子不使馹傳謝主

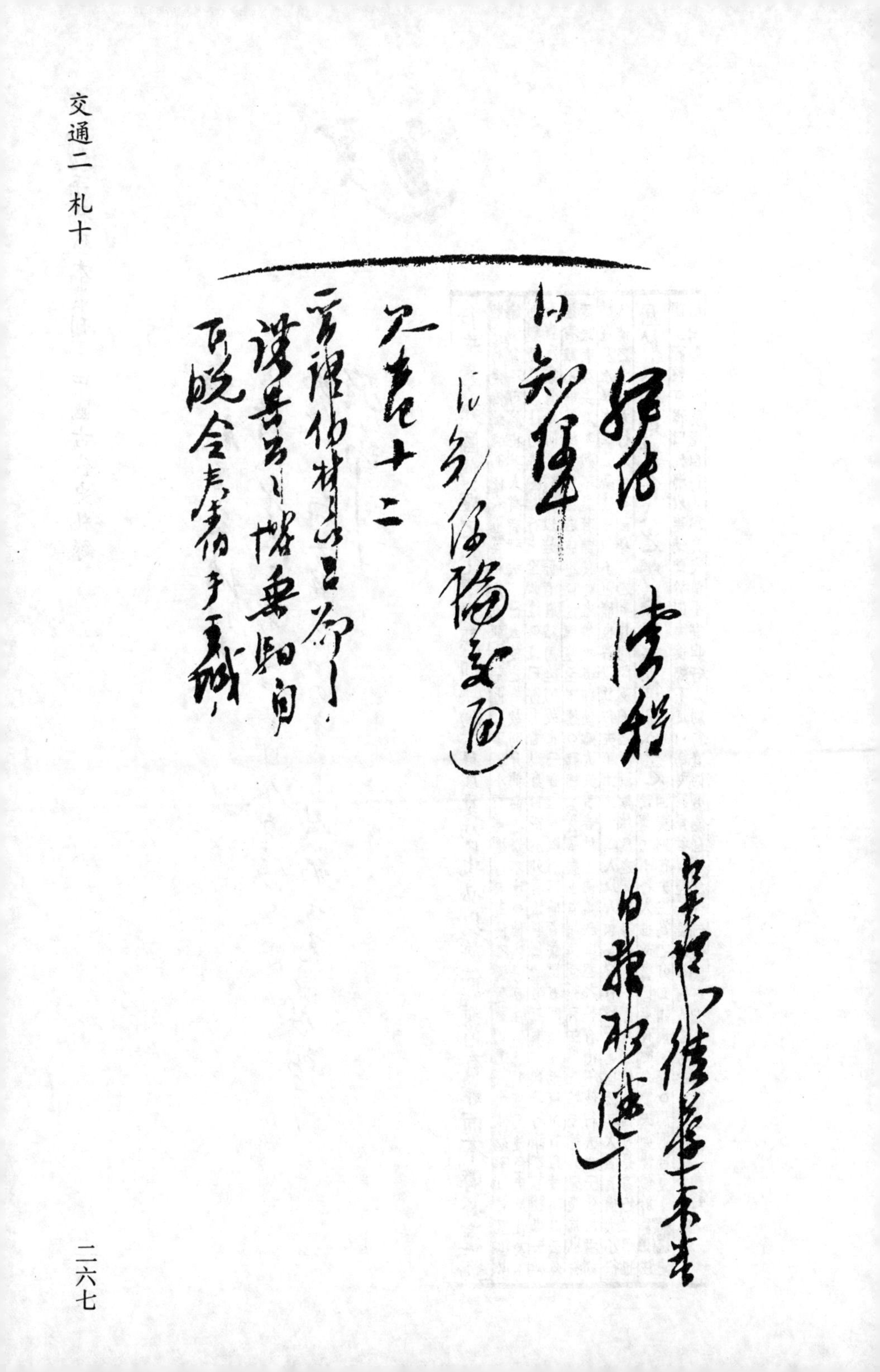

無礼之事使小史

大行人之使不容如小行人之使

夷使同等之事下使鄭云則發聲

旌節

行夫掌邦國傳遽之小事媺惡而無禮者凡其使也必以旌節雖道有難而不時必達傳遽若今時乘傳騎驛而使者也美福慶也惡喪荒也此事之小者無禮行夫主使之道有難謂遭疾病他故不以時至也必達王命不可廢也其大者有禮大小行人使之有故則介傳命不嫌不達○傳張戀反注同遽其庶反使色吏反注及下同難乃旦反注同傳直宣反象胥職同疏行夫至必達○釋曰行夫者以身自行於外言媺惡無禮者無擯介而單行謂之無禮也云必以旌節者道路用旌節故也云雖道有難而不時者無難者即依程至秖由有難故不時云必達者雖不時必達於所往之處也○注傳遽至不達○釋曰云美福慶也者謂諸侯國有生男及嫁娶等云惡喪荒也者謂民有死喪及年穀不孰若諸侯薨之等大事即使卿大夫若春秋王使榮叔宰咺之等有禮不使行夫也云他故者謂賊寇及水旱之等云必達王命不可廢也者以其行夫下士二十二人以人數多縱有難必達也云其大者有禮大小行人使之者按大行人雖不云身使之事其間問及王之所以撫諸侯之等或身自行小行人云使適四方是身行之事也

居於其國則掌行人之勞辱事焉使則介之使謂大小行人也故書曰夷使鄭司農云夷使使於四夷則行夫主為之介玄謂夷發聲○焉劉音夷疏注使謂至發聲○釋曰先鄭以夷使使於四夷後鄭不從以為夷發聲者以經云居則掌行人之勞辱事是行人所使即云介明還與行人為介文勢不容與行人別行直四夷使自使象胥何得使行夫也故不從之也

秋官

交通

「宮人之間之不納者」

韓非說林上

習自開明併百

經刊書院自譯文之 周人好許小而難

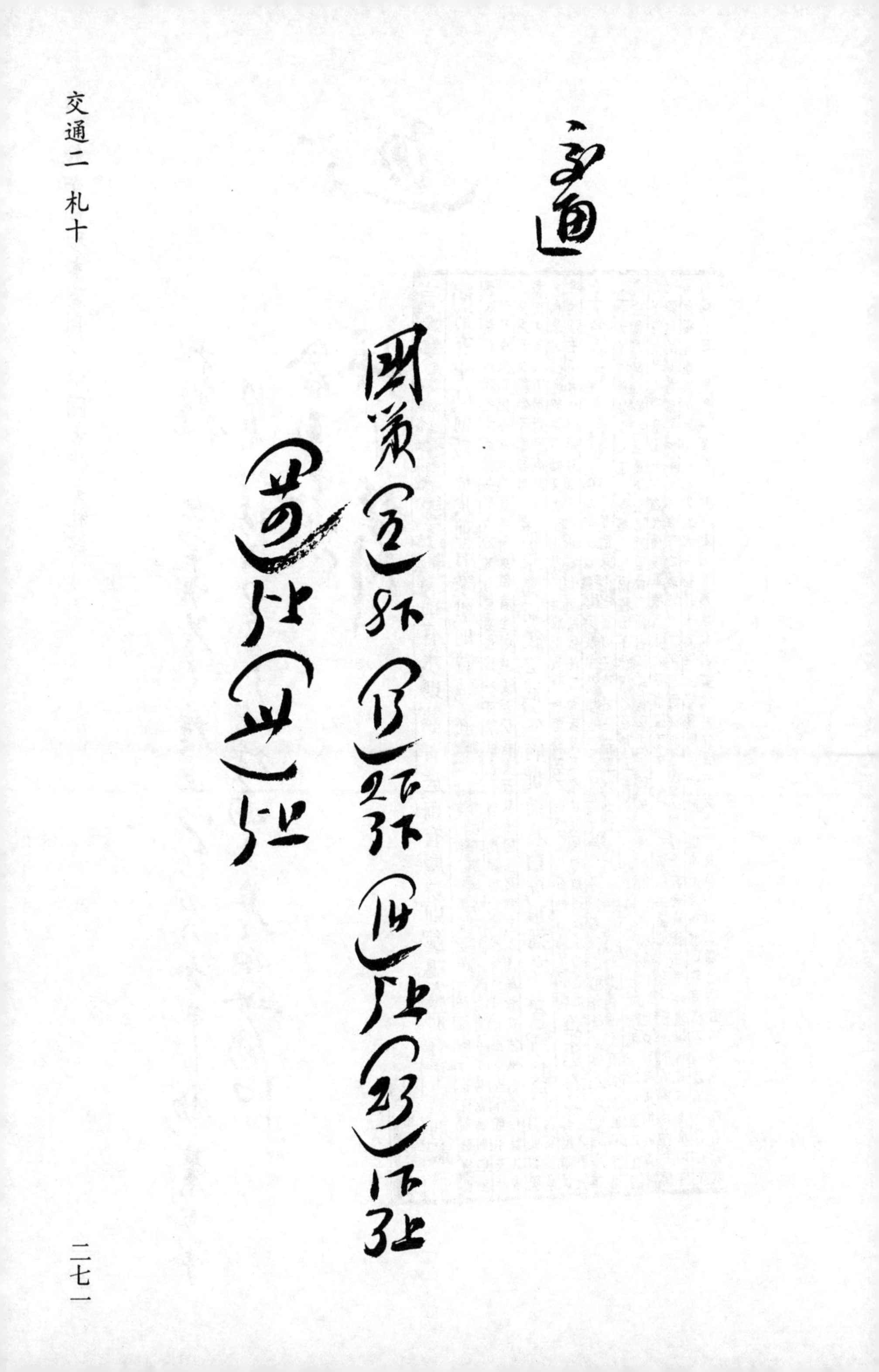

通考

招搖——北斗中第七星，以指四方。一說集古軍

以爲此指四方之指南車蓋由此出

會通之狀

伐——步數

○史載筆士載

言謂從於會同各持其職以待事也筆謂書具之屬言謂會同盟要之辭前有水則載青旌前有塵埃則載鳴鳶前有車騎則載飛

鴻前有士師則載虎皮前有摯獸則載貔貅載謂舉於旌首以警衆也禮君行師從卿行旅從前驅舉此則士衆知所有所舉各以其類象青青雀水鳥鳶鳴則將風

鴻取飛有行列也士師謂兵衆虎取其有威勇也貔貅亦摯獸也書曰如虎如貔士或爲仕○載音戴本亦作戴下及注同埃烏來反鳶悅專反鴟也騎其寄反摯音至貔婢支反徐扶夷反孔安國云貔執夷虎屬皆猛健貅本亦作貅許求

反又虛虯反貔貅摯獸警音景從才用反下同行戶剛反行前朱鳥而後玄武左青龍而右白虎招搖在上急繕其怒以此四獸爲軍陳象

天也急猶堅也繕讀曰勁又畫招搖星於旌旗上以起居堅勁軍之威怒象天帝也招搖星在北斗杓端主指者○招搖並如字北斗第七星繕依注音勁吉政反陳直覲反杓匏招反徐必遙反進退有度度謂伐與步數

左右有局各司其局局部分也分扶問反

疏史載至其局○正義曰此一節明君以軍行之禮各隨文解之○史謂國史書錄王事者王若舉動史必書之王若行往則史載書具而從之也不言簡

牘而云筆者筆是書之主則餘載可知爾雅云不律謂之筆郭云書筆名四方之異言也○士載言者士謂司盟之士言謂盟會之辭舊事也崔靈恩云必載盟會之辭者或尋舊盟或用舊會之禮應須知之故載自隨也○前有水則載青旌

者王行宜警備善惡必先知之故備設軍陳行止之法也軍陳卒伍行則並銜枚無諠聲若有非常不能傳道且人衆廣遠難可周徧故前有變異則舉類示之故宣十二年左傳云前茅慮無是也青旌者青雀旌謂旌旗軍行若前值水則畫

爲青雀旌旗幡上舉示之所以然者青雀是水鳥軍士望見則咸知前必值水而各防也○前有塵埃則載鳴鳶者鳶今時鴟也鴟鳴則風生風生則塵埃起前有塵埃起則畫鴟於旌首而載之衆見咸知以爲備也不直言鳶而云鳴者鳶不

鳴則風不生故畫作開口如鳴時也不言旌從可知也○前有車騎則載飛鴻者車騎彼人之車騎也鴻鴈也鴈飛有行列與車騎相似若軍前忽遥見彼人有多車騎則畫鴻於旌首而載之使衆見而爲防也然古人不騎馬故但經記正典無言騎者今言騎者當是周末時禮○前有士師則載虎皮者士師兵衆也虎是威猛亦兵衆之象若見前有兵衆則舉虎皮於竿首使兵衆見以爲防也○前有摯獸則載貔貅者摯獸猛而能摯謂虎狼之屬也貔貅是一獸亦有威猛也若前有猛獸則舉此貔貅使衆知爲備也但不知爲載其皮爲畫其形耳通有二家一云與虎皮並畫作皮於旌也一云並載其皮○注載謂至如貔○正義曰載謂舉於旌首以警衆也文並爲載而鄭今云舉於旌首是明諸物並在旌旗首也云禮君行師從卿行旅從此是定四年祝佗之辭此嘉好之事若爲其出軍征伐則隨軍多少與此不同云書曰如虎如貔者此尚書牧誓引證虎貔同是猛獸也武王伐紂時於牧野作誓誡士卒爲戰之辭也令士衆皆如虎貔然也鄭注尚書云其威當如獸之將攫搏也貔一名曰豹虎類也爾雅云貔白狐也行前朱鳥而後玄武左青龍而右白虎者前明軍行逢值之禮也此明軍行象天文而作陳法也前南後北左東右西朱鳥玄武青龍白虎四方宿名也軍前宜捷故用鳥軍後須殿捍故用玄武玄武龜也龜有甲能禦侮用也左爲陽陽能發生象其龍變生也右爲陰陰沈能殺虎沈殺也軍之左右生殺變應威猛如龍虎也何胤云如鳥之翔如蛇之毒龍騰虎奮無能敵此四物鄭注四獸爲軍陳則是軍陳之法也但不知何以爲之耳今之軍行畫此四獸於旌旗以標左右前後之軍陳○招摇在上者招摇北斗七星也北斗居四方宿之中以斗末從十二月建而指之則四方宿不差今軍行法之亦作此北斗星在軍中舉之於上以指正四方使四方之陳不差故云招摇在上也然並作七星而獨云招摇者舉指者爲主餘從可知也○急繕其怒者嚮明軍陳之法此舉士卒之用也急堅也勁利也其怒士卒之怒也軍行既張四宿於四方標招摇於中上象天之行故軍旅士卒起

君舉動堅勁奮勇如天帝之威怒也然若顧前而論四宿之陳畫旌爲勝且鄭云又畫招揺於旌上則知四物是畫故星約言云又畫也崔靈恩云此謂軍行所置旌旗於四方以法天此旌之旒數皆放其星龍旗則九旒雀則七旒虎則六旒龜蛇則四旒皆放星數以法天也皆畫招揺於此四旗之上案崔並畫四旗皆爲北斗星於義不安何者天唯一斗以指四方何用四斗乎○注以此至指者○正義曰此朱雀是禽而總言獸者通言耳言爲君陳者則四獸各有軍陳之法故昭二十一年宋人與華亥戰云鄭翩願爲鸛其御願爲鵝又兵書云善用兵者似率然率然者常山蛇擊其首則尾至擊其尾則首至擊其中則首尾俱至是其各有陳法也知招揺在北斗杓端者春秋運斗樞云北斗七星第一天樞第二旋第三機第四權第五衡第六開陽第七揺光第一至第四爲魁第五至第七爲標案此揺光則招揺也在下云端者明魁以上爲首標則以下爲端也○注度謂伐與步數○正義曰牧誓武王誓衆云今日之事不愆于六步七步乃止齊焉四伐五伐乃止齊焉一擊一刺爲一伐鄭注尚書云伐謂擊刺也始前既敵六步七步當止齊正行列及兵相接少者四伐多者五伐又當止齊正行列也○左右有局者局部分也軍之在左右各有部分不相濫也○各司其局者軍行須監領故主帥部分各有所司部分也爾雅云局分也郭云謂分部也

郭西

冉蔡

周張互立

○曾子問曰葬引至于堩日有食之則有變乎且不乎堩道也變謂異禮○堩古鄧反且如字徐子餘反孔子
曰昔者吾從老聃助葬於巷黨及堩日有食之老聃曰丘止柩就道右止哭以聽變既明
反而后行曰禮也巷黨黨名也就道右者行相左也變日食也反復也○從才用反又如字既明反絶句反葬而丘問之曰夫柩不可以反者
也日有食之不知其已之遲數則豈如行哉已止也數讀爲速老聃曰諸侯朝天子見日而行逮日
而舍奠大夫使見日而行逮日而舍舍奠每將舍奠行主○朝直遥反使色吏反下君使所使同夫柩不蚤出不莫宿侵晨夜則近姦寇○
蚤音早莫音暮近附近之近見星而行者唯罪人與奔父母之喪者乎日有食之安知其不見星也爲無日而冥作
豫止也○慝他得反惡也且君子行禮不以人之親痁患痁病也以人之父母行禮而恐懼其有患害不爲也○痁始占反病也恐丘勇反吾聞諸老聃云

疏曾子至聃云○正義曰此一節論葬在道逢日食之事各依文解之○曾子至不乎曾子以葬引至塗值日有食之
則有變常禮而停住乎且不變常禮而遂行乎不審其事而問孔子也○孔子至禮也○孔子荅以巳從老聃助葬
於巷黨遭日食之事老聃令止柩就道右止哭以聽日食變動既待日食光明反還而後引柩行老聃稱曰禮也○注巷
黨至復也○正義曰就道右者行相左也者就道右者以道東爲右也按儀禮云吉事交相左凶事交相右此既柩行而
交相左者以其遭日食之變止哭停柩而不行凶禮故從吉禮行相左或可行相左者云此據北出停柩在道東北嚮對
南嚮行人爲交相左○反葬至行哉○丘反問老聃云夫柩務於速葬不可以還反今日有食之令止柩就道右不行不
知其日食休巳之遲速既不知其遲速設若遲晚遂至於夜莫則豈如行哉言豈如早行爲勝哉言當疾行以至於墓赴
其吉辰也○夫柩至痁患○唯罪人及奔父母之喪見星而行令若令柩見星而行便是輕薄人親與罪人同非但輕薄

人親且君子行禮之時當尊人後巳不可以人之親痁痁病也病於危也言不可使人之親病於危亡之患也故注云
以人之父母行禮而恐懼其有患害不爲也意者言若日食而務速葬以赴吉辰即慮有患害而遂停柩待明反而行禮也

茲可

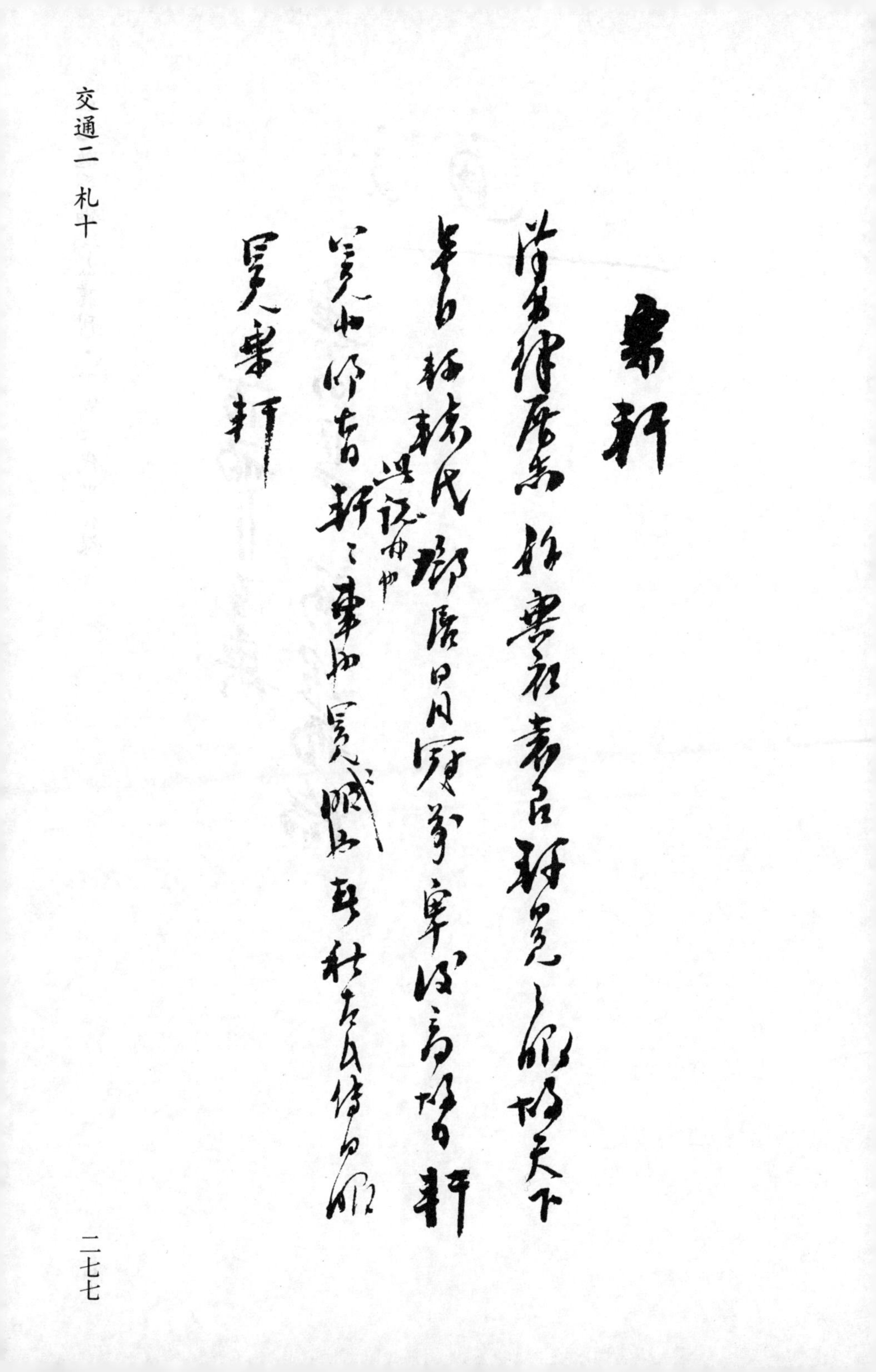

通考

百兩‖百乘

乘四馬　兩謂兩輪

道右

道右　從車即貳車

道右掌前道車王出入則持馬陪乘如齊車之儀道車象路也王行道德之車疏注道車至之車○釋曰齊右云王乘則持馬此云王出入則持馬文不同者爲右之義不異不同者互換爲義故也云道車象路也王行道德之車者若言象據飾爲名言道爲稱是以大司馬亦云道車自車上諭命于從車自由○從才用反下及注同馭夫職放此疏自車至從車○釋曰按馭夫掌馭貳車從車彼注貳車象路之副從車戎路田路之副此所謂從車則彼貳車與彼從車別同名耳詔王之車儀顧式之屬疏注顧式之屬○釋曰禮云式視馬尾顧不過轂皆是車上威儀故須詔之齊右不云者文不具王式則下前馬王下則以蓋從以蓋從表尊疏注以蓋從表尊○釋曰蓋有二種一者禦雨二者表尊此則表尊之蓋也

通義

田單用鐵籠

史記本傳

楚民俗好庳車[索隱]庳下也音婢王以爲庳車不便馬欲下令使高之相曰令數下民不知所從不可王必欲高車臣請教閭里使高其梱[索隱]梱門限也音戶本反乘車者皆君子君子不能數下車王許之居半歲民悉自高其車此不教而民從其化近者視而效之遠者四面望而法之故三得相而不喜知其材自得之也三去相而不悔知非己之罪也[集解]駰案皇覽曰孫叔敖冢在南郡江陵故城中白土里民傳孫叔敖曰葬我廬江陂後當爲萬戶邑去故楚都郢城北二十里所或曰孫叔敖激沮水作雲夢大澤之池也

傳十七年春衛侯爲虎幄於藉圃。於田藉之圃新造幄幕皆以虎獸爲飾○幄於角反幕武博反成求令名者而與之始食焉大子請使良夫以良夫應爲令名○成絶句求令名者絶句應應對之應良夫乘衷甸。兩牡衷甸一轅卿車○乘衷甸時證反說文作佃云中也春秋乘中佃一轅車也牡茂后反

疏注中甸一轅卿車○正義曰甸即乘也四丘爲甸出車一乘故以甸爲名是古者乘甸同也衛侯本許良夫服冕乘軒則衛侯既入良夫爲大夫矣傳特言乘衷甸兩牡則良夫不合乘之故知爲卿車也兵車一轅而二馬夾之其外更有二驂是爲四馬今止乘兩牡而謂之衷乘者衷中也蓋以四馬爲上乘兩馬爲中乘大事駕四小事駕二爲等差故也知大事駕四者異義古毛詩說天子之大夫皆駕四故詩云四牡騑騑周道倭遲是也如今乘輿有大駕中駕小駕爲行之等差也其諸侯大夫士唯駕二無四二十七年陳成子以乘車兩馬賜顔涿聚之子士喪禮云賵以兩馬是唯得駕兩無上乘也下文大子數之三罪衷甸不在其數而傳言之者積其奢僭多也

哀十七

廣雅

説文學部

輓段注

尸用以相尊敬之法各依文解之。抱孫不抱子者此以明昭穆之例凡禮曰者皆舊禮語也爲下事難明故引舊禮爲證案此篇之首作記之人引舊禮而言曲禮曰此直言禮曰不言曲者從略可知也抱孫不抱子者謂祭祀之禮必須尸尸必以孫今子孫行並皆幼弱則必抱孫爲尸不得抱子爲尸所以然者作記之者既引其禮又自解云此言孫可以爲王父尸子不可以爲父尸故也曾子問云祭成喪者必有尸尸必以孫孫幼則使人抱之無孫則取於同姓可也是有抱孫之法也言無孫取於同姓可者謂無服內之孫取服外同姓也天子至士皆有尸特牲是士禮少牢是大夫禮並皆有尸又祭統云君執圭瓚祼尸是諸侯有尸也又守祧職云若將祭祀則各以其服授尸是天子有尸也天子以下宗廟之祭皆用同姓之嫡故祭統云祭之道孫爲王父尸所使爲尸者於祭者爲子行父北面而事之法云子行猶子列也祭祖則用孫列皆取於同姓之適孫也天子諸侯之祭朝事延尸於戶外是以有北面事尸之禮也雖取孫列用卿大夫爲之故鄭駮異義云天子以卿爲尸諸侯入爲天子卿大夫故云公尸天子以卿然明諸侯亦以卿故大夫士亦用同姓嫡者曾子問云無孫取於同姓可也又鄭注特牲禮大夫士以孫之倫爲尸是也言倫明非己孫皇侃用崔靈恩義以大夫用己孫爲尸恐非也天子祭天地社稷山川四方百物及七祀之屬皆有尸也故鳧鷖並云公尸推此而言諸侯祭社稷竟內山川及大夫有菜地祭五祀皆有尸也外神之屬不問同姓異姓但卜吉則可爲尸案曾子問祭成人必有尸則祭殤無尸若新喪虞祭之時男女各立尸故士虞禮云男男尸女女尸至祔祭之後並用男之一尸以其祔祭漸吉故也凡吉祭祔用一尸故祭統云設同几是也若祭勝國之社稷則士師爲尸知者士師職文用士師者略之故異義公羊說祭天無尸左氏說晉祀夏郊以董伯爲尸虞夏傳云舜入唐郊以丹朱爲尸是祭天有尸也許慎引魯郊祀曰祝延帝尸從左氏之說也。爲君尸者大夫士見之則下之。正義曰此臣爲君作尸者已被卜吉君許用者也下謂下車也古者致齊各於其家散齊亦猶出在路及至祭日之旦但來入廟故羣臣得於路見君之尸皆下車而敬之。君知所以爲尸者則自下之者此亦謂散齊之時君若在路見尸亦自下車敬之不直云君見尸而云君知者言知則有不知不知謂君年或幼少不能並識羣臣故於路或不識而臣告君君乃知之所以下也所以知是散齊者君致齊不復出行若祭日君先入廟後乃尸至也。尸必式者廟門之外尸尊未伸不敢亢禮不可下車故式爲敬以荅君也式謂俯下頭也古者車箱長四尺四寸而三分前一後二橫一木下去車牀三尺三寸謂之爲式又於式上二尺二寸橫一木謂之爲較去車牀凡五尺五寸於時立乘若平常則馮較故詩云倚重較兮是也又若應爲敬則落手隱下式而頭得俯俛故後云式視馬尾是也鄭注考工記云兵車之式高三尺三寸較兩輢上出式者也兵車自較而下凡五尺五寸然尸在廟中尊伸尚荅主人之拜今在路其尊猶屈君下而已式者以其在路尊未伸故未敢亢禮至於廟中禮伸則亢故荅之。乘必以几者几案在式之上尊者有所敬事以手據之几上有羃君以羔皮以虎緣之也正義曰書序云武王戎車三百兩皆以一乘爲一兩謂之兩者風俗通以爲車有兩輪馬有四匹故車稱兩馬稱匹言諸侯之女嫁於諸侯送迎皆百乘者探解下章將之明此諸侯之禮嫁女於諸侯故迎之百乘諸侯之女故送亦百乘若大夫之女雖爲夫人其送不得百乘各由其家之所有爲禮也此夫人斥大姒也大明云纘女維莘莘國長女實是諸侯之子故得百乘將之。箋家人至盛。正義曰此申說傳送迎百乘之事家人謂父母家人也左傳曰凡公女嫁於敵國姊妹則上卿送之公子則下卿送之於大國雖公子亦上卿送之言大姒自莘適周必上卿送之良人謂夫也昏禮曰衽良席在東注云婦人稱夫曰良人孟子曰吾將瞷良人所之小戎曰厭厭良人皆婦人之稱夫也綢繆傳曰良人美室者以其文對粲者粲是三女故良人爲美室也百乘象百官者昏禮人倫之本以象國君有百官之盛諸

東

韋端木棣

夏曾譯

通

特路東相擇

到手時詳通　林鐸詳女

天子駕六駕四

經傳之文惟此言六馬漢世此經不傳餘書多言駕四

者春秋公羊說天子駕六毛詩說天子至大夫皆駕四許慎案王度記云天子駕六鄭玄以周禮校人養馬乘馬一師四

圉四馬曰乘康王之誥云皆布乘黃朱以爲天子駕四漢世天子駕六非常法也然則此言馬多懼深故舉六以言之

第
通
一

單之彝載為車勝

從杉洲吉春の貢獻下去參 又補正

尋常在國乘車[illegible]者在左

終日馳騁左不楗杜子春云楗讀爲蹇左面不便爲苦蹇輈調善則馬不蹇也書楗或作券玄謂券今倦字也輈和則久馳騁載在左者不罷倦尊者在左○楗杜音蹇鄭音倦便婢面反罷音皮

疏注杜子至在左○釋曰子春意據軍將乘車之法將在中故御者在左楗爲蹇澀解之四馬六轡在御之手而不在中央而在於左故云左面不便馬苦蹇輈調善則馬不蹇也云書楗或作券玄謂今倦字也以爲尋常在國乘車之法尊在左御者中央故取上文和安解之言輈和而久馳騁載在左者不罷倦尊者在左者曲禮云乘君之乘車不敢曠左左必式注云君存惡空其位是尊者在左也

考工記 輈人

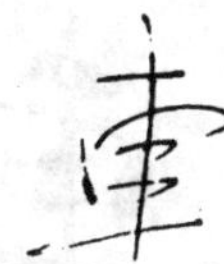

四代之車

○鸞車有虞氏之路也鉤車夏后氏之路也大路殷路也乘路周路也鸞有鸞和也鉤有曲輿者也大路木路也乘路玉路也漢祭天乘殷之路也今謂之桑根車也春秋傳曰大路素鸞或爲欒也○鉤古侯反乘徐食證反注同欒力丸反【疏】鸞車至路也○正義曰此一經明魯有四代之車其制各別○鸞車車有鸞和也路則車也○鉤車夏后氏之路也者鉤曲也輿則車牀曲輿謂曲前闌也虞質未有鉤矣○大路殷路也者大路木路也○乘路周路也者乘路玉路也周王禮故用玉○注春秋傳曰大路素○正義曰按桓二年左氏云大路越席越席是祀天之席則大路亦祭天之車以祭天尚質故鄭云大路素

車

丑

僕御之礼副車

嘗不食新嘗謂薦新物於寢廟疏未嘗不食新。正義曰嘗謂薦新物於寢廟也未嘗則人子不忍前食新也○僕於君子君子升下則授綏始乘則式君子下行然後還立還車而立以俟其去。還音旋注同疏僕於至還立。正義曰此一經論僕御之禮必授人綏故君子升及下僕者皆授綏也。始乘則式者謂是僕者始乘君子未至御者則式以待君子升也。君子下行然後還立者僕人之禮若君子將升則僕先升君子下行則僕後下更還車而立待君子去後乃敢自安或云君車將駕則僕執策立於馬前故君子將下車則僕亦下車立於馬前待君子下行乃更還車立以俟君去○乘貳車則式佐車則否貳車佐車皆副車也朝祀之副曰貳戎獵之副曰佐魯莊公敗于乾時公喪戎路傳乘而歸。朝直遥反喪息浪反傳乘上丈專反又陟戀反下繩證反下文除乘車同○貳車者諸侯七乘上大夫五乘下大夫三乘此蓋殷制也周禮貳車公九乘侯伯七乘子男五乘卿大夫各如其命之數疏乘貳至則否。正義曰謂僕乘副車法也朝祀副車曰貳戎獵副車曰佐朝祀尚敬乘副車者式戎獵尚武乘副車者不式也。注貳車至而歸。正義曰云朝祀之副曰貳戎獵之副曰佐者以此經佐車貳車相對車云式主敬故謂朝祀之副曰貳佐車不式主武故云戎獵之副曰佐若戎獵自相對則戎車之副曰倅田車之副曰佐故周禮戎僕馭倅車田僕馭佐車熊氏云此云戎獵之副曰佐者據諸侯禮也故莊九年公及齊師戰于乾時公喪戎路佐車授綏是也。注此蓋至之數。正義曰按周禮大行人云上公貳九乘侯伯七乘又典命云卿六命其大夫四命車服各如其命數並與此經不同故疑爲殷制有貳車者之乘馬服車不齒尊有爵之物廣敬也服車所乘車也車有新舊觀君子之衣服服劍乘馬弗賈平尊者之物非敬也。賈音嫁疏有貳至弗賈。正義曰此一節明廣敬之義。有二車者之乘馬服車不齒者有二車則謂下大夫二車之乘以下者謂其所乘之馬所服之車不敢齒次論其年歲評其價數高下車所以不得齒者以車有新舊則年歲有多少價數有貴賤以尊者之物故不敢齒也。觀君子之衣服服劍乘馬弗價者觀視也亦不得評平尊者物堪直多少之價亦爲不敬故觀而不平

少仪

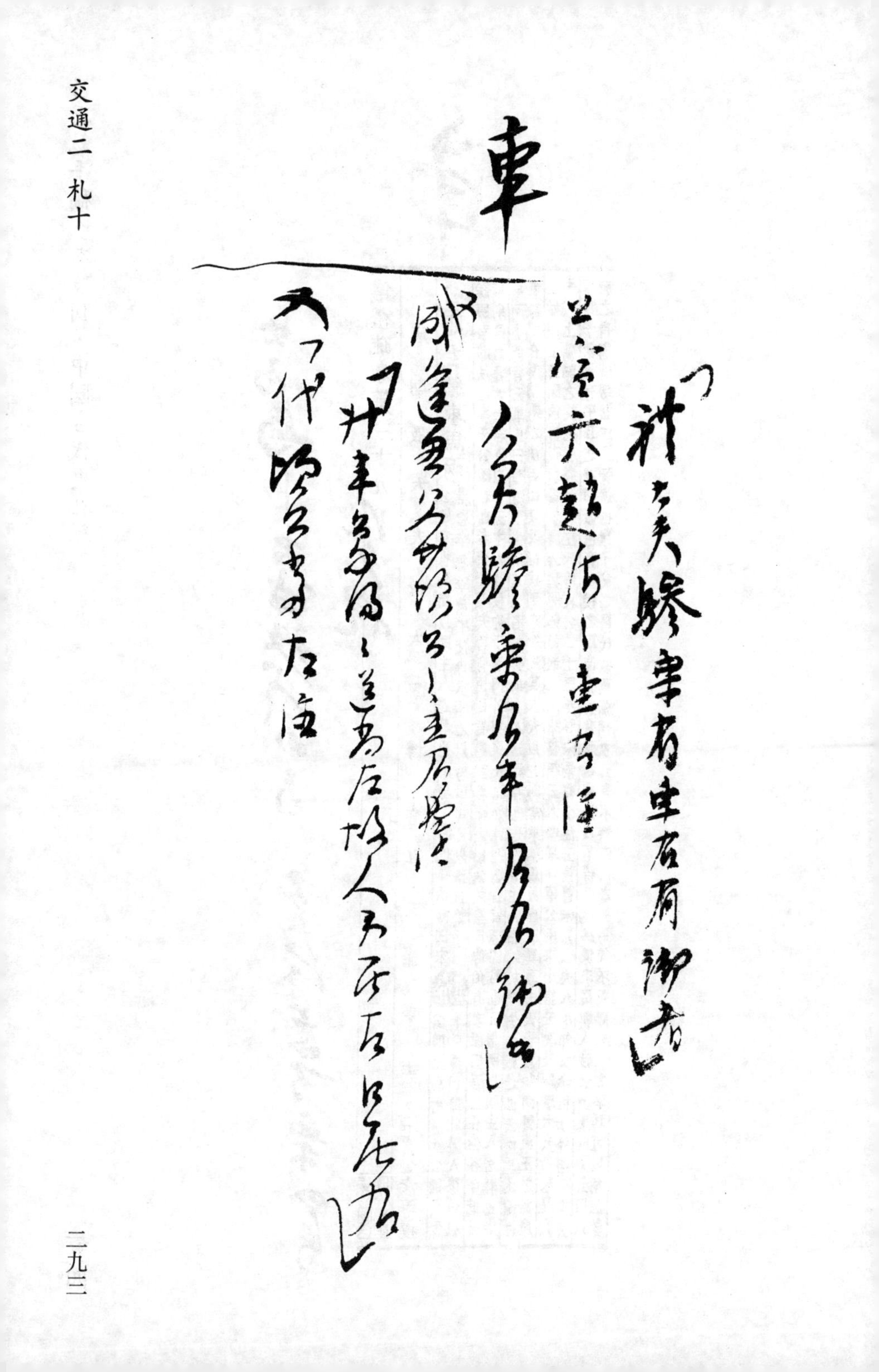

車

儀禮疏卷第三十九　既夕禮

唐朝散大夫行大學博士弘文館學士臣賈公彦等撰

公賵玄纁束馬兩　公國君也賵所以助主人送葬也兩馬士制也春秋傳曰宋景曹卒魯季康子使冉求賵之以馬曰其可以稱旌繁乎　疏　公賵至馬兩○注公國至繫乎○釋曰自此盡入復位杖論國君賵法之事云公國君也者公及大夫皆有臣臣皆尊其君呼之曰公故左氏傳伯有之臣曰吾公在壑谷今此云公則國君非大夫君也以下云主人釋杖迎于廟門外與喪大記如此迎送者皆據國君也云賵所以助主人送葬也者案兩小傳皆云車馬曰賵施于生及送死者故云助主人送葬者也是以下注云賵奠於死生兩施是也云兩馬士制也者謂士在家常乘之法若出使及征伐則乘駟馬其大夫以上則常乘駟馬故鄭駁異義云天子駕駟尚書康王之誥康王始即位云諸侯皆布乘黃朱詩云駟騵彭彭武王所乘魯頌云六轡耳耳僖公所乘小雅云駟牡騑騑大夫所乘是大夫以上駕駟之文也引春秋者左氏傳哀公二十三年春宋景曹卒注云景曹宋元公夫人小邾女季桓子外祖母又云季康子使冉有弔且送葬曰敝邑有社稷之事使肥與有職競焉是以不得助執紼使求從輿人注云輿衆也又云曰以肥之得備彌甥也注云彌遠也康子父之舅氏故稱彌甥又云有不腆先人之產馬使求薦諸夫人之宰其可以稱旌繁

士兩馬——出使戎四馬

大夫以上常乘四馬

大夫有貳車，乃作獻詩遂為工師之歌

君子之車，

既庶且多。君子之馬，既閑且馳。上能錫以車馬行中節馳中法也箋云庶衆閑習也今賢者在位王錫其車衆多矣其馬又閑習於威儀能馳矣大夫有乘馬有貳車。○中丁仲反下同乘承證反

矢詩不多，維以遂歌。不多多也明王使公卿獻詩以陳其志遂為工師之歌焉箋云矢陳也我陳作此詩不復多也欲今遂為樂歌王日聽之則不損今之成功也。○復扶又反。

疏 君子至遂歌。○毛以為成王實能用吉士已致大平但名公欲令守其成功故自言作詩之意言今君子賢者來在王位王賜之車馬其所賜君子之車既衆且又能多矣所賜君子之馬既閑習於威儀且又能馳矣是王能用賢不須規戒今我陳作此詩豈不多乎言其實煩多也正以中心不已恐王惰慢故作此詩遂為樂人之歌冀常求賢士永為鑒戒不損今日成功也。○鄭唯以不多為作此詩不復多為異餘同。○傳上能至中法。○正義曰言上能賜以車馬謂成王於時已能賜之行

中節解既閑也馳中法解且馳也言閑馳者美其中節度合禮法。○箋庶衆至貳車。○正義曰以經言既是王賜之故云今賢者在此位王賜其車衆多矣庶多一也丁寧以足句耳馳者是馬走之名馬既能走今言且馳明是馳合於法故云其馬又閑習於威儀能馳矣車不獨賜駕必以馬車言衆多則馬亦多矣但馬有御之威儀故別言閑馳以美之馬既別文故衆多者唯言車耳言大夫有乘馬有貳車者解其言多之意以車則人有副貳所賜又非一人故言多也言大夫者自大夫以上皆有此不必專指大夫也禮士無貳車此得兩馬本或有士者衍字定本云大夫士有乘車貳車非也。○傳不多至歌焉。○正義曰傳反其言以不多為多者王既能用賢不復須戒故以作詩為煩多也又解名公獻詩及言遂歌之意以明王使公卿獻詩以陳其所作之人志意遂為工師之歌故也國語亦云使公卿至於列士獻詩與此同也春秋之師曠掌九德六詩之歌工者樂師之摠名即大師是也。○箋矢陳至成功。○正義曰箋以忠臣諫王其言雖多猶恨心之不盡不當自謂已言已為多也且順文自通不宜反之故易傳以為作此詩不復多言其意猶以為少也樂人之歌常在君側故云王日聽之則不損今之成功。○

卷阿十章六章章五句四章章六句

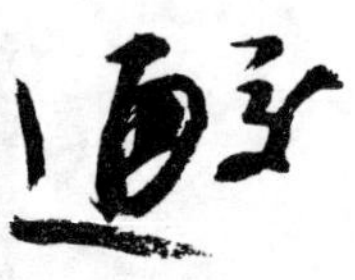

凡婦車

主人爵弁纁裳緇袘從者畢玄端

乘墨車從車二乘執燭前馬主人壻也壻爲婦主爵弁而纁裳玄冕之次大夫以上親迎冕服冕服迎者鬼神之鬼神者所以重之親之纁裳者衣緇衣不言衣與帶而言袘者空其文明其與袘俱用緇袘謂緣袘之言施以緇緣裳象陽氣下施從者有司也乘貳車從行者也畢猶皆也墨車漆車士而乘墨車攝盛也執燭前馬使從役持炬火居前炤道

疏主人至前馬○釋曰此至俟于門外論婿親迎之節○注主人至炤道○釋曰云主人婿也者以其親迎向女家女父稱主人男稱婿已下皆然今此未至女家仍據男家而言故云主人是婿爲婦主故下親迎至男家婿還稱主人也云爵弁而纁裳者下爵弁亦冕之類故亦纁裳也云玄冕之次者鄭注周禮弁師云〃合之大夫冕而無旒士變冕爲爵弁故云冕之次也云大夫以上親迎冕服者士家自祭服玄端助祭用爵弁今爵弁用助祭之服親迎一爲攝盛則卿大夫朝服以自祭助祭用玄冕親迎亦當玄冕攝盛也若上公有孤之國孤絺冕卿大夫同玄冕侯伯子男無孤之國卿絺冕大夫玄冕也孤卿大夫士爲臣卑復攝盛取助祭之服以親迎則天子諸侯爲尊則袞矣不須攝盛宜用家祭之服則五等諸侯玄冕以家祭則親迎不過玄冕天子親迎當服袞冕矣是以禮記郊特牲云玄冕齋戒鬼神陰陽也將以爲社稷主以社稷言之據諸侯而説故知諸侯玄冕也其於孤卿雖絺冕亦以助祭至於親迎亦用玄冕臣乃不得過君故也云冕服迎者鬼神之鬼神之者所以重之親之者郊特牲文云纁裳者衣緇衣不言衣與帶而言袘者空其文明其與袘俱用緇者鄭言纁裳者衣緇衣言緇衣即玄衣大同故也上士冠陳爵弁服云緇衣緇帶此文有緇袘無衣帶二字故云空其文以袘著緇者欲見袘與衣帶色同故云俱用緇也云袘謂緣者謂紕緣於裳故字從衣云袘之言施者義取施及於物故作施也云以緇緣裳象陽氣下施者男陽女陰男女相交接示行事有漸故云象陽氣下施故以衣帶上體同色之物下緣於裳也云從者有司也乘貳車從行者也者以士雖無臣其僕隸皆曰有司使乘貳車從婿大夫已下有貳車[illegible]無貳車此有者亦是攝也云墨車漆車者案巾車注云棧車不革鞔而漆之則士之棧車漆之但無革爲異耳案考工[illegible]棧車欲其弇鄭云無革鞔又云飾車欲其侈鄭云革鞔則大夫已上皆以革鞔則得飾車之名飾者革上又有漆飾士卑無飾雖有漆不得名墨車故唯以棧車爲名若然自卿已上更有異飾則又名玉金象夏篆夏縵之等也云士乘墨車攝盛也者案周禮巾車云一曰玉路以祭祀又云金路同姓以封象路異姓以封革路以封四衛木路以封蕃國孤乘夏篆卿乘夏縵大夫乘墨車士乘棧車庶人乘役車士乘大夫墨車爲攝盛則大夫當乘卿之夏縵卿當乘孤之夏篆已上有木路質而無飾不可使孤乘之禮窮則同也孤還乘夏篆又於臣之外特置亦是尊尊則尊矣不欲攝盛若然庶人當乘士之棧車則諸侯天子尊則尊矣亦不假攝盛依巾車自乘本車矣玉路祭祀不可以親迎當乘金路矣以攝言之士之子冠與父同則昏亦同但尊適子皆與父同庶子宜降一等也

婦車亦如之有裧亦如之者車同等士妻之車夫家共之大夫以上嫁女則自以車送之裧車裳幃周禮謂之容車有容則固有蓋

疏婦車至有裧○注亦如至有蓋○釋曰婦車亦墨車但有裧爲異耳曰士妻之車夫家共之者即此是也云大夫以上嫁女則自以車送之者案宣公五年冬左傳云齊高固及子叔姬來反馬也休以爲禮無反馬而左氏以爲得禮禮婦人謂嫁曰歸明無大故不反於家經書高固及子叔姬來故譏乘行匹至也士

昏皆異據士禮無反馬蓋失之矣士昏禮曰主人爵弁纁裳緇袘從者畢玄端乘墨車從車二乘執燭前馬婦車亦如之有裧此婦乘夫家之車鵲巢詩曰之子于歸百兩御之又曰之子于歸百兩將之國君之禮夫人始嫁自乘其車也何彼襛矣篇曰曷不肅雝王姬之車言齊侯嫁女以其母王姬始嫁之車遠送之則天子諸侯女嫁留其車可知今高固大夫反馬大夫亦留其車禮雖散亡以詩論之大夫以上至天子有反馬之禮留車妻之道反馬壻之義高固秋月逆叔姬冬來反馬則婦人三月祭行故行反馬禮也以此鄭箴膏肓言之則知大夫已上嫁女自以其車送之若然詩注以爲王姬嫁時自乘其車箴膏肓以爲齊侯嫁女乘其母王姬始嫁時車送之不同者彼取三家詩故與毛詩異也凡婦車之法自士已上至孤卿皆與夫同有裧爲異至於王后及三夫人幷諸侯夫人皆乘翟車案周禮巾車王后之五路重翟厭翟安車皆有容蓋又云翟車輦車鄭注云詩國風碩人曰翟蔽以朝謂諸侯夫人始來乘翟蔽之車以朝見於君盛之也此翟蔽蓋厭翟也然則王后始來乘重翟矣又詩序云王姬下嫁於諸侯車服不繫其夫下王后一等以此差之王后始來乘重翟則上公夫人用厭翟侯伯子男夫人用翟車若然巾車安車次厭翟在翟車之上者以其安車在宮中所乘有容蓋與重翟厭翟有屈退之在下其實安車無翟飾不用爲嫁時所乘也三夫人與三公夫人當用翟車九嬪與孤妻同用夏篆世婦與卿大夫妻同用夏縵女御與士妻同用墨車也其諸侯夫人姪娣及二媵幷姪娣依次下夫人以下一等爲差也云裧車裳幃周禮謂之容者案巾車職重翟厭翟安車皆有容蓋鄭司農云容謂幨車山東謂之裳幃或謂之潼容後鄭從之衞詩云漸車帷裳是山東名幃裳也云車有容則固有蓋者巾車云有容蓋容蓋相配之物此既有裧之容明有蓋可知故云固有蓋矣

士昏礼（儀礼の）

上

大有貳年

[illegible]

車
一

[illegible]夫謝居坊乘軒

謝來[illegible]候人

車

車以一乘爲一兩

百兩御之　傳百兩百乘也　正義書序云武王戎車三百兩皆以乘爲一兩謂之兩者風俗通以爲車有兩輪馬有四匹　故車稱兩馬稱匹

棧‖旅車

主人哭拜稽顙成踊賓奠幣于棧左服出棧謂柩車也凡士車制無漆飾左服象授人授其右也服車箱今文棧作輚疏主人至服出○注棧謂至作輚○釋曰主人哭拜者仍於門右北面以賓致命訖遂哭拜也云成踊者三者三凡九踊云棧謂柩車也凡士車制無漆飾者此棧車即柩車以其賓由輅西而致命云奠幣於棧者明此棧車柩車即蜃車四輪迫地無漆飾故言棧也云左服象授人授其右也者案聘禮宰授使者圭時云同面使者在左宰在右而授其右也此車南鄉以東爲左尸在車上以東爲右故授左服容授尸之右也宰由主人之北舉幣以東柩東主人位以東藏

貳車——副車

貳車畢乘主人哭拜送貳車副車也其數各視其命之等君出使異姓之士乘之在後君弔蓋乘象路曲禮曰乘君之乘車不敢曠左左必式疏○注貳車至必式○釋曰云其數各視其命之等者案周禮大行人云上公貳車九乘侯伯貳車七乘子男貳車五乘故知視命數也云君出使異姓之士乘之在後者禮記坊記云君不與同姓同車與異姓同車彼謂與君同在一車為御與車右者也此經云貳車畢乘明亦使異姓之士乘之在後可知云君弔蓋乘象路者案周禮巾車職王有五路玉金象革木諸侯則同姓金路已下異姓象路已下四衛革路已下蕃國雖有木路若然唯王與同姓異姓得弔乘象路今云蓋乘象路者以諸侯言之唯據上公與侯伯於王有親者得用象路弔臨其臣以巾車又云象路以朝釋曰王以朝及燕出入雖不言弔臨然弔臨亦是出入之事故云蓋以疑之若四衛諸侯侯伯已下與王無親者亦各乘已所賜之車革路木路之等今鄭於貳車之下言所乘車者以其言貳車其飾皆與正車同故於貳車以下言君之所乘車也引曲禮者乘君之乘車則貳車是也以其與君為副貳即是君之乘車也彼注云君存惡空其位則此乘車亦居左以其人君皆左載無御者在中鄭注周禮亦有車右也云左必式者不敢立相視衡常為式耳

故不言降時踊節也卒奠主人出哭者止以君將出不敢讙囂聒尊者也君出門廟中哭主人不哭辟君式之辟逡遁辟位也古者立乘式謂小俛以禮主人也曲禮曰立視五巂式視馬尾疏○注辟逡至馬尾○釋曰君入臣家至廟門乃下車則貳車本不入大門下云貳車畢乘主人哭拜送者明出大門矣云辟逡遁辟位也者案曲禮云君出就車左右攘辟則此云辟亦是主人攘辟故云逡遁辟位也云古者立乘者以其坐乘則不得式而小俛故云古者立乘也知式是禮主人者曲禮云式宗廟曾子問卿大夫見君之尸皆下之尸必式是凡式皆是禮前物爲式引曲禮者欲見式小俛彼注巂猶規也車輪轉之一帀爲一規案周禮冬官輪崇六尺六寸圍三徑一三六十八一帀則一丈九尺八寸五規則五箇一丈九尺八寸揔爲九丈九尺六尺爲一步揔十六步半凡平立視視前十六步半若小俛爲式則低頭視馬尾故連引曲禮云式視馬尾也

古者立乘

古車乳似神也

兵車‖武車‖革路

十三經注疏 禮記二 曲禮上 夫

○兵車不式。尚威武不崇敬武車綏旌。盡飾也綏謂垂舒之也武車亦兵車○綏耳佳反德車結旌。不盡飾也結謂收斂之也德車乘車疏兵車至結旌○正義曰此一節明德車兵車旌旗之異○兵車革路也兵車尚武猛宜無推讓故不爲式敬也○武車綏旌者武車亦革路也取其建戈刃即云兵車取其威猛即云武車也綏謂舒垂散之也旌謂車上旗旛也尚威武故舒散旗旛垂綏然何胤云垂放旌旗之旒以見於美也○德車結旌者德車謂玉路金路象路木路四路不用兵故曰德車德美在內不尚赫奕故結纏其旒著於竿也何胤云以德爲美故略於飾此坐乘之車也鄭前云乘車必正立此云是乘車則非坐乘也

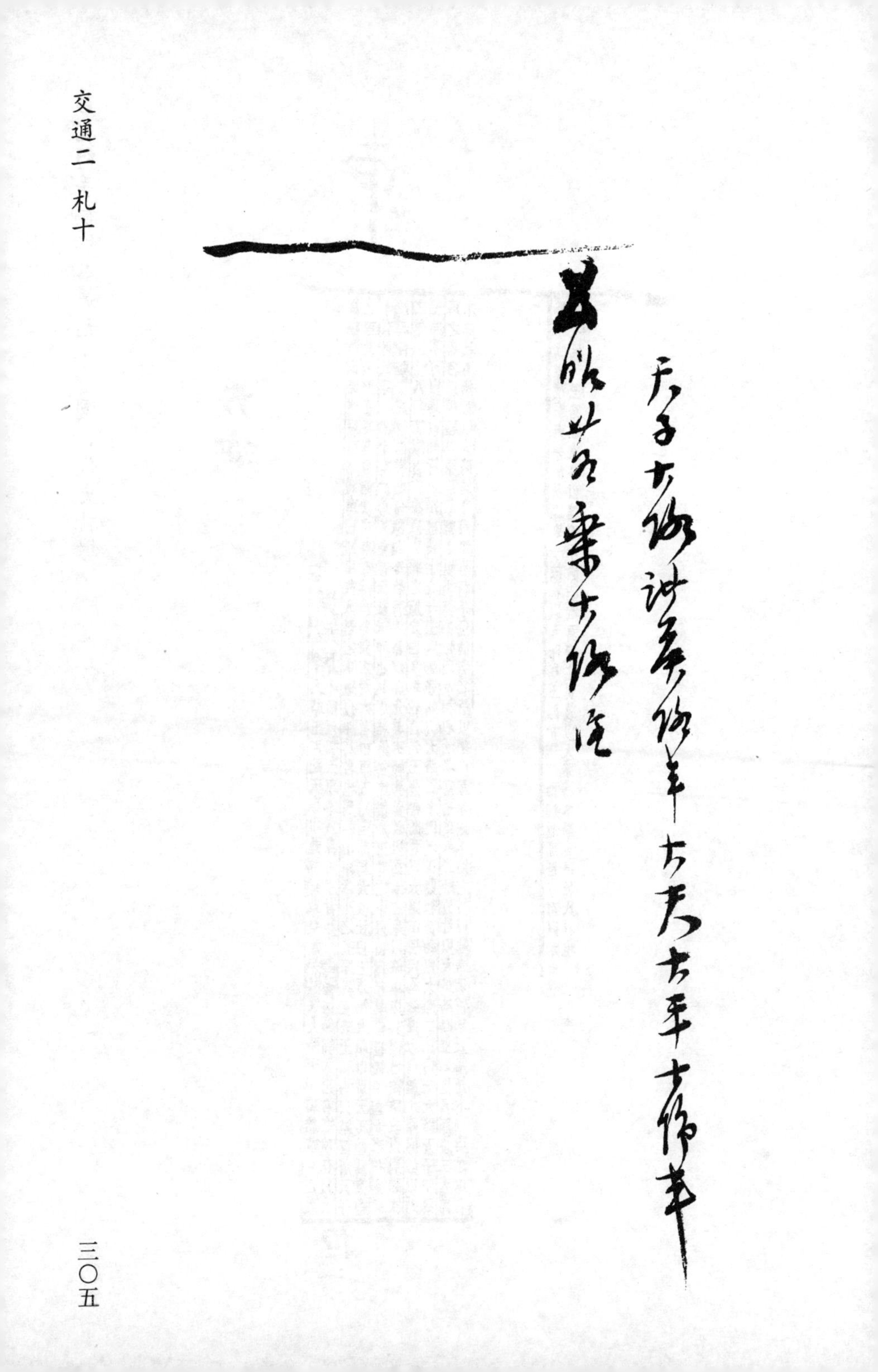

車

大路

大路越席 大路玉路祀天車也越席結草○越戶括反祀天車本或無天字者非 疏注大路至越席結草○正義曰路訓大也君之所在以大爲號門曰路門寢曰路寢車曰路車故人君之車通以路爲名也周禮巾車掌王之五路鄭玄云王在焉曰路彼解天子之車故云王在耳其實諸侯之車亦稱爲路路之最大者巾車五路玉路爲大故杜以玉路爲大路巾車云玉路錫樊纓十有再就建大常十有二斿以祀故云祀天車也越席結蒲爲席置於玉路之中以茵藉示其儉也經傳言大路者多矣注者皆觀文爲說尚書顧命陳列器物有大輅綴輅先輅次輅孔安國以爲玉金象以飾車以其徧陳諸路故以周禮次之傳二十八年王賜晉文公以大輅之服定四年祝佗言先王分魯衛晉以大路注皆以爲金路以周禮金路同姓以封玉路不可以賜故知皆金路也襄十九年王賜鄭子蟜以大路二十四年王賜叔孫豹以大路二注皆云大路天子所賜車之總名以周禮孤乘夏篆卿乘夏縵釋例以所賜穆叔子蟜當是革木二路故杜以大路爲賜車之總名服虔云大路木路杜不然者以大路越席猶如清廟茅屋清廟之華以茅飾屋示儉玉路之美以越席示質若大路是木則與越席各爲一物豈清廟與茅屋又爲别乎故杜以大路爲玉路於玉路而施越席是方可以示儉故沈氏云玉路雖文亦以越席示儉而劉君横生異義以大路爲木路妄規杜氏非也

桓二

錫在馬額　鸞和所在説不同　鈴之在旂

錫鸞和鈴昭其聲也錫在馬額鸞在鑣和在衡鈴在旂動皆有鳴聲○錫音揚馬面當盧鈴音令額顏客反鑣彼驕反旂勤衣反

【疏】注錫在至鳴聲○正義曰鄭玄巾車注云錫馬面當盧刻金爲之所謂鏤錫也詩箋云眉上曰錫刻金飾之今當盧也然則錫在眉上故云在馬額也詩稱輶車鸞鑣知鸞在鑣也鑣在馬口兩旁衡在服馬頸上鸞和亦鈴也以處異故異名耳爾雅釋天說旌旂有鈴曰旂李巡曰以鈴置旐端是鈴在旂也錫在馬額鈴在旂先儒更無異說其鸞和所在則舊說不同毛詩傳曰在軾曰和在鑣曰鸞韓詩內傳曰鸞在衡和在軾前鄭玄經解注取韓詩爲說秦詩箋云置鸞於鑣異於乘車也其意言乘車之鸞在衡田車之鸞在鑣及商頌烈祖之箋又云鸞在鑣是疑不能定故兩從之也案考工記輪崇車廣衡長參如一則衡之所容唯兩服馬耳詩辭每言八鸞當謂馬有二鸞鸞若在衡衡唯兩馬安得置八鸞乎以此知鸞必在鑣既在鑣則和當在衡經傳不言和數未知和有幾也四者皆以金爲之故動則皆有鳴聲也

宫云堂中謂之時堂上謂之行堂下謂之步門外謂之趨中庭謂之走大路謂之奔此對文耳若散而言之門內謂之行門外謂之趨鄭注樂師云行謂於大寢之中趨謂於朝廷然則王出既服至堂而肆夏作出路門而采薺作其反入至於應門路門亦如之此謂步迎賓客王如有車出之事登車於大寢西階之前反降於阼階之前尚書傳曰天子將出撞黃鐘之鐘右五鐘皆應入則撞蕤賓之鐘左五鐘皆應是也。注反行也宜圜。正義曰反行謂到行反而行假令從北嚮南或從南嚮北。注曲行也宜方。正義曰曲行謂屈曲而行假令從北嚮南行曲折而東嚮也。進則至鳴也。揖俯也若行前進則身恒小俯俛也。退則揚之者揚仰也卻退遷行則身微仰也。然後玉鏘鳴也者若進俯退仰則然後佩離身而直行搖動佩自擊所以玉聲得鏘鏘而鳴也。注揖之至後也。正義曰見於前者謂佩嚮前垂而見之見於後者謂佩嚮後垂而見也是以非辟之心無自入也。謂君子恒聞鸞和佩玉之正聲自由也是以非類邪辟之心無由入於身也。注鸞在衡和在式。正義曰鸞在衡和在式韓詩外傳文也若鄭康成之意此謂平常所乘之車也若田獵之車則鸞在馬鑣也故注秦詩云置鸞於鑣異於乘車鄭於秦詩既已明言故於毛詩傳云在軾曰和在鑣曰鸞鄭不復易毛也又於商頌箋云鸞在鑣同毛氏之說亦不復具言以秦詩箋已明言故也

通

詳(十一)1下(十二)1上2下(十九)3下4下5下(廿)1下
(廿二)2上

國馬駑馬田馬

輈人為輈輈車轅也詩云五楘梁輈○輈張留反方言云楚衛之間轅謂之輈楘音木本又作鞪同疏輈人為輈○釋曰於三十工無輈人之官但車事是難故車官別主此職也云詩云五楘梁輈者秦詩引之者證輈是車轅之事彼注云楘歷録也梁輈上句衛也一輈五束束有歷録是也輈有三度軸有三理目下事度深淺之數疏注目下至之數○釋曰云度深淺之數者四尺七寸之等是也國馬之輈深四尺有七寸國馬謂種馬戎馬齊馬道馬高八尺兵車乘車軹崇三尺有三寸加軫與轐七寸又幷此輈深則衡高八尺七寸也除馬之高則餘七寸為衡頸之間也鄭司農云深四尺七寸謂轅曲中○種章勇反齊側皆反轐音卜舊方木反又音僕疏注國馬至曲中○釋曰知國馬謂種戎齊道者校人馬有六種下文有田馬駑馬明此四者當國馬也廋人云馬八尺以上為龍故鄭云高八尺云兵車乘車軹崇三尺有三寸者上文云兵車輪崇六尺有六寸軹崇三尺三寸加軫與轐四尺是也云餘七寸為衡頸之間也者按下文注衡圍一尺三寸五分寸之一頸圍九寸十五分寸之九幷尺三寸與九寸為二尺二寸衡圍五分寸之一於十五分寸之九當得十五分寸之三幷頸圍十五分寸之九為十五分寸之十二圍三徑一二十一寸徑七寸餘有一寸十五分寸之十二一寸復分之為十五分通前十五分寸之十二為二十七徑得十五分寸之九此九分當為馬頸低消之先鄭云深四尺七寸謂轅曲中者此據輿以上而言故後鄭從之也

田馬之輈深四尺田車軹崇三尺一寸半幷此輈深而七尺一寸半今田馬七尺衡頸之間亦七寸則軫與轐五寸半則衡高七尺七寸疏注田車至七寸○釋曰鄭以上文田車輪崇六尺有三寸軹崇三尺一寸半幷此輈深四尺為七尺一寸半加軫與轐五寸半揔七尺七寸駑馬高七尺則七寸亦衡頸之間消之也知加軫與轐五寸半不七寸者亦約軹崇與兵車軹崇校寸半明軫轐亦校寸半也云田馬七尺者亦約廋人馬七尺曰騋以其兵車乘車駕國馬明田車騋馬也以此約之明役車駕駑馬也駑馬之輈深三尺有三寸輪軹與軫轐大小之減率寸半也則駑馬之車軹崇三尺加軫與轐四寸又幷此輈深則衡高六尺七寸也今駑馬六尺除馬之高則衡頸之間亦七寸○減本又作滅同洽斬反率音類又音律下同疏注輪軹至七寸也○釋曰鄭以田車之輪下於兵車乘車軹崇及軫轐皆校一寸半則駑馬是六尺之馬所駕之車又宜下故知輪軹軫轐大小之減率例一寸半與田車減兵車乘車同也是以鄭解駑之車皆減田車一寸半也若然衡頸之間同七寸者車雖有高下至於衡頸不得不同故下云小於度謂之無任衡頸用力是同是以不得有麤細

逆旅大夫

陶音遥○晉陽處父聘于衛反過甯甯嬴從之甯晉邑汲郡脩武縣也嬴逆旅大夫○嬴音盈疏注○甯晉至大夫○正義曰晉語說此事云舍於逆旅甯嬴氏注國語者賈逵孔晁皆以甯嬴爲掌逆旅之大夫故杜亦同之劉炫以甯嬴直是逆旅之主非大夫今刪定知不然者若是逆旅之主則身爲匹庶是卑賤之人猶如重館人告文仲重上人屬孫蒯止應稱人而已何得名氏見傳杜以傳載名氏故爲逆旅大夫劉炫以爲客舍主人而規杜氏非也及溫而還其妻問之嬴曰以剛商書曰沈漸剛克高明柔克沈漸猶滯溺也高明猶亢爽也言各當以剛柔勝己本性乃能成全也此在洪範今謂之周書○漸似廉反注沈滯溺一本作滯弱亢古浪反疏注沈漸至周書○正義曰此傳引周書是洪範之三德也彼說人之三德乃以此言覆之孔安國以此二句爲天地之德故注云沈漸謂地雖柔亦有剛能出金石高明謂天言天爲剛德亦有柔克不干四時杜以傳證人性即以人事解之沈漸謂人性之沈滯濡溺也高明謂人性之高亢明爽也滯溺者當以剛勝其本性亢爽者當以柔勝其本性必自屈矯己乃能成全不然則沈漸失於弱高明失於剛不能保其身也此文在洪範今謂之周書箕子商人所說故傳謂之商書夫子壹之其不沒乎陽子性純剛天爲剛德猶不干時寒暑相順況在人乎且華而不實怨之所聚也言過其行○行下孟反犯而聚怨不可以定身剛則犯人余懼不獲其利而離其難是以去之爲八年晉殺處父傳○難乃旦反

文五

司關上士二人中士四人府二人史四人胥八人徒八十人每關下士二人府一人史二人徒四人關界上之門疏司關至徒四人○釋曰在此者案其職云掌國貨之節以連門市故同與市連類在此此司關亦是摠檢校十二關所司在國內下云每關下士二人者自在關門關閉○注關界上之門○釋曰王畿千里王城在中面有五百里界首面置三關則亦十二關故云關界上門也

司關掌國貨之節以聯門市貨節謂商所發司市之璽節也自外來者則案其節而書其貨之多少通之國門國門通之司市自內出者司市爲之璽節通之國門國門通之關門參相聯以檢猾商○猾音滑疏注貨節至猾商○釋曰案下文掌節云貨賄用璽節則璽節主通貨賄若然璽節亦可先從王司市而出鄭今解經璽節先從邦國向內而言者以其司關在境而先云掌國貨之節後云以聯門市是從外向內之言故鄭亦順經先從邦國司市解之也云案其節而書其貨之多少通之國門國門通之司市者將送商人而執節者別有過所文書若下文節傳當載人年幾及物多少至關至門皆別寫一通入關家門家乃案勘而過其自內出者義亦然云參相連以檢猾商者司市與關及門三處相連恐姦猾商人或以多爲少或隱而不出避稅故相連以檢括之也其遠郊近郊雖不置官掌之亦應有人幾問但無稅法故不言耳而

司貨賄之出入者掌其治禁與其征廛征廛者貨賄之稅與所止邸舍也關下亦有邸舍其出布如市之廛○治直吏反疏司貨至征廛○釋曰司主也主貨賄出入謂上經以聯門市者是也云與其征廛者征謂稅廛謂邸舍二事雙言也○注征廛至之廛○釋曰云關下亦有邸客舍其出布如市之廛者案上文廛人有廛布鄭云廛邸舍此關亦有邸舍商人於關停止則有稅故云如市之廛也

凡貨不出於關者舉其貨罰其人不出於關謂從私道出辟稅者則沒其財而撻其人○辟音避一音芳益反疏注不出至其人○釋曰注云沒其財者解經舉其貨撻其人者解經罰其人案上憲罰之等皆是撻但舉其貨已是罰物故知罰其人是撻之可知也

凡所達貨賄者則以節傳出之商或取貨於民間無璽節者至關關爲之璽節及傳出之其有璽節亦爲之傳傳如今移過所文書○傳張戀反注下皆同疏凡所至出之○釋曰此文重釋上國貨之節上直云璽節此經兼有傳傳則過所文書○注商或至文書○釋曰鄭云商或取貨於民間無璽節者至關關爲之璽節者若本由王市而出則司市爲之璽節商或於民間者或在郊內關內民間買得物貨不得向司市取璽節故因向關外則便於關取節而出若在城內民間貸貨者司關爲璽節以出之授節節者即授傳與之

國凶札則無關門之征猶幾

商自内而外自外而内出入以节

司關与征商

焉之肆則主求之易也三日而無識認者舉之沒入官[疏]凡得至舉之。釋曰此謂在列肆遺忘闕失者吏各歸本肆吏主識認取之

凡治市之貨賄六畜珍異亡者使有利者使阜害者使亡靡者使微利利於民謂物實厚者害害於民謂物行苦者使有使阜起其賈以徵之也使亡使微抑其賈以卻之也侈靡細好使富民好奢微之而已鄭司農云亡者使有無此物則開利其道使之有。物行遐孟反又如字苦胡剛反苦音古御起略反好呼報反[疏]注利利至之有。釋曰云使有使阜者揔釋經亡者利者云起其賈者謂增起其賈引物自然來故使有使阜盛也云微之而已謂少抑其賈使微少不絕而已先鄭云亡者使有無此物則開利其道使之有與後鄭起其賈義異引之者義得兩通故後鄭亦從之也

凡通貨賄以璽節出入之璽節印章如今斗檢封矣使人執之以通商以出貨賄者王之司市也以內貨賄者邦國之司市也[疏]凡通至入之。釋曰金玉曰貨布帛曰賄其璽節餘物亦通而直云通貨賄者以物之貴及民之所用多者莫過貨賄故舉以言之無妨餘物亦通之。注璽節至市也。釋曰云璽節印章如今斗檢封矣者案漢法斗檢封其形方上有封檢其內有書則周時印章上書其物識事而已云使人執之以通商者以其商旅主通貨賄故知執璽節者是通商也云出貨賄者王之司市也者以其商旅賈貨賄於市以出向邦國故知是王之司市給璽節也云內貨賄者邦國之司市也者以其貨賄從邦國來當入王畿故知璽是邦國之司市給璽節也此經直云入之鄭雖云內貨賄者邦國之司市亦容有從畿內入市者故下掌節云貨賄用璽節鄭云[illegible]司市言貨賄者貨賄非必由市或資於民家[illegible]得出向邦國若資於民家亦容入來向王市賈之則璽節受之於門關矣

國凶荒札喪則市無征而作布有災害物貴市不稅為民乏困也金銅無凶年因物貴大鑄泉以饒民[疏]國凶至作布。釋曰凶荒謂年穀不熟札謂疫病喪謂死喪恤其乏困故市無征也。注金銅無年。釋曰以其凶年穀則貴金銅凶年亦賤故云無凶年是以諺云豐年粟儉年玉因。云物貴者其物止謂米穀餘物猶賤也

凡市偽飾之禁在民者十有二在商者十有二在賈者十有二在工者十有二鄭司農云所以俱十有二者工不得作賈不得粥商不得資民不得畜玄謂王制曰用器不中度不粥於市兵車不中度不粥於市布帛精麤不中數幅廣狹不中量不粥於市姦色亂正色不粥於市五穀不時果實未熟不粥於市木不中伐不粥於市禽獸魚鼈不中殺不粥於市亦其類也於四十八則未聞數十二焉。賈音古注同粥音育下同中丁仲反下同狹音洽數色主反[疏]凡市至有二。釋曰云凡偽飾之禁凡與在民以下為總目故云凡凡擬廣之。注鄭司至二焉。釋曰先鄭云所以俱十有二者工不得作以下云云謂民與商賈及工四者皆同十二云工不得作者工匠主營作故云不得作云賈不得粥者以其處曰賈賈主賣粥故云不得粥云商不得資者商主通貨賄貨賄皆當豫資貯故云不得資云民不得畜者萬民非作非粥非資故以畜聚而言也玄謂王制曰用器不中度不粥於市者案彼鄭注云用器弓矢耒耜長六尺弓長六尺六寸之等矢長三尺之類皆有長短度數也云兵車不中度不粥於市者案考工記輪人為兵車乘車之輪崇六尺六寸成出革車一乘出於民間故民亦有粥兵車之法云布帛精麤不中數廣狹不中量不粥於市布之精麤謂若朝服十五升斬衰三升齊衰有三等或四升或五升或六升大功已下有七升八升九升小功有十升十一升十二升緦麻有十五升抽去半其帛之升數禮無明文云廣狹不中量者布幅則廣二尺二寸其繒幅則依朝貢禮廣二尺四寸云姦色亂正色不粥於市者論語孔子惡紫之奪朱則朱是南方正色紫是北方姦色紫奪朱色是姦色亂正色故孔子惡之若然自餘四方皆有姦色正色若紅綠及碧等皆有亂正色之義也云五穀不時果實未熟不粥於市鄭彼注云皆謂不利人木不中伐不粥於市者鄭彼注引山虞職云仲冬斬陽木仲夏斬陰木以為證是非此時則木不中伐云禽獸魚鼈不中殺不粥於市者案鼈人職云秋獻鼈蜃冬獻龜魚案禮記王制云獺祭魚然後虞人入澤梁豺祭獸然後殺是殺禽獸魚鼈之時得粥於市非此時則不可也云亦其類也者王制

道

車為服重致遠乘之則安引之則利安以不傷人利以速至此車之利也古者聖王為大川廣谷之不可濟於是利為舟楫王云利字義不可通利當為制書制字或作刺與利相似而誤足以將之則止廣雅釋詁云將行也止舊譌上今據道藏本正雖上者三公諸侯至舊云上舊作止以意改舟楫不易津人不飾說文水部云津水渡也津人蓋掌渡之吏士左傳云二十四年王子朝用成周之寶珪于河甲戌津人得諸河上列子黃帝篇云津人操舟若神劉向列女傳辯通篇趙津女娟者趙河津吏之女此舟之利也古者聖王制為節

墨子節用中

交通

古部落間無大道

其間小(多以封小逕)逕而已

勉案：古時以山無傒隧之蹊言之也

山無蹊隧，澤無舟梁，見莊子馬蹄

交通

原舟

舟
浮木　以手足擊
皮　此而[illegible]
束葦

刳木
獨木舟　樹皮艇　皮艇
改用平薄之版合成　此最不易成

橋始於獨木橋

交通

運輸之具

負背 戴頭 儋肩 提挈手 舁手

車之始 或曰以圓木置所運物下以載其中 或曰削其中使小則兩端大而中成軸矣

舟車

知為舟車時重任不移遠道不至故聖王作為舟車以便民之事其為舟車也全固輕利畢云全太平御覽引作完詒讓案治要引亦作完意林同可以任重致遠其為用財少而為利多是以民樂而利之法令不急而行令治要作禁法上舊本有故字王云上故字涉下故字而衍羣書治要無民不勞而上足用畢云上舊作止一本如此詒讓案治要亦作上足下治要有以字故民歸之當今之主其為舟車與此異矣全固輕利皆已具全治要亦作完具下有矣字必厚作斂於百姓以飾舟車治要作以為舟車飾飾車以文采飾舟以刻鏤女子廢其紡織而脩文采故民寒男子離其耕稼而脩刻鏤故民饑治要作飢下同人若為舟車若此故左右象之是以其民饑寒並至故為姦衺治要作邪姦衺多則刑罰深此句首舊本無姦衺二字王云舊本而姦衺脫其一則義不可通今據羣書治要補刑罰深則國亂治要國上衍固字畢云太平御覽引云而國亂矣君實欲天下之治而惡其亂實治要作誠當為舟車不可不節

墨子辭過

通義

呂誠之藏

[illegible]

一

每書之每字要過

必同多方考尋遍史十二年

環人掌送逆賓客

周官有兩環人

四方一圻上

令聚欜亦是禁守之事故在此也云主圍賓客之任器爲之守衛者其職文也

環人中士四人史四人胥四人徒四十人環猶圍也主圍賓客任器爲之守衛○環戶關反劉戶串反疏注環猶至守衛○釋曰在此者案其職云賓客舍則授館

環人掌送逆邦國之通賓客以路節達諸四方通賓客以常事往來者也路節旌節也四方圻上疏環人至四方○釋曰此環人與夏官環字雖同義則異彼環人主致師此環人主環遶賓客使不失脫是其異也○注通賓至圻上○釋曰云通賓客以常事往來者也者謂朝覲會同者也云路節旌節也者以其道路用旌節故知路節旌節也云四方圻上者至畿即入諸侯國諸侯國自有通之者也

舍則授館令聚欜有任器則令環之令令野廬氏也鄭司農云四方人有任器者則環人主令殉環守之○殉徐音循或辭俊反疏舍則至環之○釋曰館則道上廬宿市所館舍任器謂賓客任用之器○注令令至守之○釋曰令令野廬氏也者其職云若有賓客則令守涂地之人聚欜之故知令野廬也

門關無幾送逆及疆鄭司農云門關不得苛留環人也玄謂環人送逆之則賓客出入不見幾○疆居良反苛音何又呼何反疏注鄭司至見幾○釋曰先鄭云門關不得苛留環人也者以環人乃是執節之人事不畏門關苛留故後鄭以爲環人送逆之則門關不得苛留賓客

掌訝与賓客

掌訝中士八人府二人史四人胥四人徒四十人 訝迎也賓客來主迎之鄭司農云訝讀爲跛者訝跛者之訝○跛波可反 疏 注訝迎至之訝○釋曰在此者案其職云掌迎賓客故連類在此先鄭云跛者訝跛者之訝此公羊傳文時晉使郤克聘齊郤克跛齊使跛者往御御亦訝故讀從之也

掌訝掌邦國之等籍以待賓客 等九儀之差數 疏 注等九儀之差數○釋曰九儀之差數即大行人命者五爵者四以九以七以五爲差數是也 若將有國賓客至則戒官脩委積與士逆賓于疆爲前驅而入 官謂牛人羊人舍人委人之屬士訝士也既戒乃出迎賓 疏 注官謂至迎賓○釋曰云國賓客至者謂五等諸侯及其臣來朝聘至謂入畿內至廬宿市當共待之以委積有牛羊豕米禾芻薪之等故知戒官者謂牛人已下也舍人掌給米稟委人掌芻薪之委布於道遺人道上十里有廬廬有飲食三十里有宿宿有委五十里有市市有積之等是也 及宿則令聚欜 令令野廬氏○廬力於反 疏 注令令野廬氏○釋曰知令野廬氏者其職云有賓客令其地之民聚欜之故知也 及委則致積 以王命致于賓 疏 注以王命致于賓○釋曰凡致禮于賓無非王命故知以王命 至于國賓入館次于舍門外待事于客 次如今官府門外更衣處待事于客通其所求索○索色白反 疏 注次如至求索○釋曰賓客至王使卿致館掌訝既爲賓客前驅入館掌訝次止于舍門外待事于客于次如今官府門外更衣處舉漢法以況之即今門外亦然 及將幣爲前驅 道之以如朝○道音導下文注道之道賓道王同 疏 注道之以如朝○釋曰將幣謂至行朝聘之日道之以如朝謂至大門外之朝也 至于朝詔其位入復及退亦如之 鄭司農云詔其位告客以其位次也入復客入則掌訝出復其故位也客退復入迎爲之前驅至于館也玄謂入復者入告王以客至也退亦如之如其爲前驅○退役扶又反爲之于僞反亦如字 疏 注鄭司至前驅○釋曰[illegible]諸侯外朝之法有二稱解之或解取閔公傳季友將生閒于兩社爲公室輔注云兩社周社亳社此二社在大門內內門外既云兩社爲公室輔則外朝所在也或解以爲聘禮聘賓在外卒以柩造朝柩不可入公門造朝朝在大門外可知是其兩解不同驗此文云于朝者即是大門外陳擯介之處言朝即外朝在大門外於義可矣云詔其位者謂告賓門外立位云入復者復白也白王賓已至位云及退亦如之者賓客行朝聘訖出還館謂之退亦如前與之道至館先鄭以入復爲掌訝詔客自復已之故位後鄭不從以入復爲入白王於義爲允也 凡賓客之治令訝訝治之 賓客之治謂欲正其貢賦理國事也以告訝訝爲如朝而理之○治直吏反注下同爲于僞反下注爲同 疏 注賓客至理之○釋曰但諸侯之理其事衆多鄭以貢賦爲主兼再理國事以該之 凡從者出則使人道之 從者凡介以下也人其屬胥徒也使道賓客之從者營護之○從才用反注同 疏 注從者至護之○釋曰從

者凡介以下也者上掌客凡介行人宰史從賓客來者皆是從者也知人是其屬胥徒也者訝士即下士下士使人明使在下胥徒之等故知胥徒也云營護之者使不得侵陵從者也**及歸送亦如之**如之者送至於竟如與前驅聚㯫待事之屬○竟音境疏及歸送亦如之○釋曰來時訝爲之道今歸又爲之道及聚㯫待事皆如前故云亦如之**凡賓客諸侯有卿訝卿有大夫訝大夫有士訝士皆有訝**此謂朝覲聘問之日王所使迎賓客于館之訝疏注此謂至之訝○釋曰此訝是諸侯朝覲卿大夫士聘問之日訝之入至朝聘之時按聘禮記云卿訝卿大夫訝大夫士訝士皆有訝賓即館訝將公命注云使已迓待之命又見之以其摯注云訝將舍於館之外宜相親也聘問之日亦使之訝者但天子有掌訝之官即館之訝餘事皆掌主之惟朝覲聘問之日使卿大夫訝諸侯兼官故大夫士爲訝賓即館時即爲之訝與此掌訝不同也**凡訝者賓客至而往詔相其事而掌其治令**○相息亮反

掌交中士八人府二人史四人徒三十有二人主交通結諸侯之好○好呼報反疏注主交至之好○釋曰在此者案其職云掌九禁之難有禁戒之事故在此也

掌交掌以節與幣巡邦國之諸侯及其萬民之所聚者道王之德意志慮使咸知王之好惡辟行之節以爲行信幣以見諸侯也咸皆也辟讀如辟忌之辟使皆知王之所好者而行之知王所惡者辟而不爲○好呼報反注下皆同惡烏路反注同辟音避注同疏掌交至行之○釋曰按序官掌交中士八人今言掌以節與幣巡邦國之諸侯及萬民之所聚者道王之德意志慮使咸知之者天下九州千六百餘國使皆周徧必無徧理今言之者盖是國有不和洽者徧使知之也使和諸侯之好有欲相與脩好者則爲和合之疏注有欲至合之○釋曰下有結其交好爲朝聘則此好謂使爲婚姻之好也是以鄭云有欲脩好者則爲和合之達萬民之說說所喜也達者達之于王若其國君○說音說注同疏注說所至國君○釋曰掌交既巡民間見民有喜說之事王與國君未知掌交通達于王及國君也掌邦國之通事而結其交好通事謂朝覲聘問也疏注通事至問也釋曰言邦國通事是兩國交通之事惟有君臣朝覲聘問之事結使交好故以朝覲聘問解則易云先王建萬國親諸侯也以諭九稅之利九禮之親九牧之維九禁之難九戎之威諭告曉也九稅所稅民九職也九禮九儀之禮九牧九州之牧九禁九法之禁九戎九伐之威○難乃旦反疏注諭告至之戎○釋曰云九稅所稅民九職也者以宰云以九職任萬民既任之使之營種因即稅之三農生九穀稅九穀園圃毓草木稅草木九稅唯臣妾聚斂疏材者無稅故言九稅耳今掌交還以此九稅之法告曉使之任之稅之故云九稅所稅民九職也云九禮九儀之禮者以其大行人小行人掌訝皆掌九儀之禮以其專據諸侯國不得以大宗伯九儀解此也言之親則朝聘是也云九牧之維者大司馬九法建牧立監以維邦國故云維九禁之難言大司馬設九法使邦國有所畏難云九戎之威者大司馬設九伐有所藏刑故言難言威也

凡四方之賓客敂關則爲之告謂朝聘者也敂關猶謁關人也鄭司農說以國語曰周之秩官有之曰敵國賓至關尹以告行理以節逆之。敂音叩苦狗反爲于僞反朝直遙反

疏凡四至之告。釋曰敂猶至也謂外諸侯來朝使卿大夫來大聘小聘但至關門皆先謁關人關人出客則奔告王王使小行人逆勞於畿也。注謂朝至逆之。釋曰案小行人云凡諸侯入王則逆勞於畿聘禮使者至謁關人此經亦揔云賓客敂關則爲之告是以鄭云謂朝聘者也云叩關猶謁關人者猶聘禮關人也先鄭說以國語曰周之秩官有之者案國語定王使單襄公聘於宋遂假道於陳以聘楚候不出疆司空不視塗單子歸告於王曰陳侯不有大咎國必亡矣又云周之秩官有之曰敵國賓至關尹以告行理以節逆之韋昭注云理吏也行理小行人掌國賓客禮以待四方使逆賓客候人爲導卿出郊勞司里授館引之者國語云關尹以告則此經司關爲之告一也云行理以節逆之者證關尹告王王使小行人以節逆之也

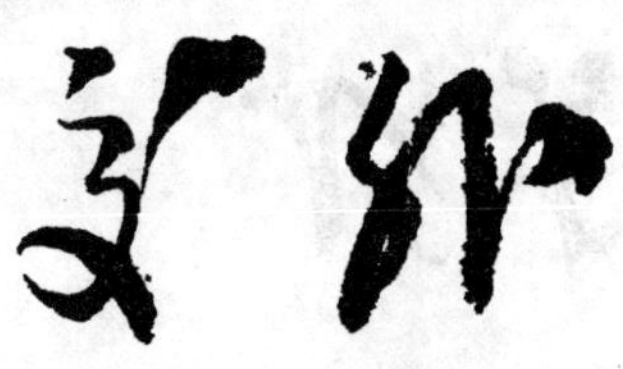

司門告四方賓客

凡四方之賓客造焉則以告造猶至也告告於王而止客以俟逆○造七到反注同疏凡四至以告○釋曰謂四方諸侯來朝覲至關關人告王至郊郊人告王至國門門人告王王得告皆遣人往迎故先鄭云止客以俟逆也

(抄文)

交通二　札十

賓客則巡其道脩庀其委積 巡其

道脩行治道路也故書庀爲比鄭司農云比讀爲庀庀具也○庀又作庀匹爾反具也劉副美反一音芳米反脩行下孟反

疏 賓客至委積○釋曰巡其道脩者大司徒云野脩道委積據國外曰野在六鄉之中者此據六遂之中者

小賓客令野脩道委積

小賓客令野脩道委積小賓客諸侯之使臣。使所吏反疏小賓至委積。釋曰案大司徒職大賓客令野脩道委積謂五等諸侯來朝者此小賓客諸侯使卿大夫來聘故小司徒令野脩道委積大司徒注令令遺人此雖無注亦與彼同

外交

（賓遺）

外交

大賓令野脩道委積

諸侯相稱賓卿來聘稱客　大賓客但

僅謂諸侯來朝

大賓客令野脩道委積令令遺人使爲之也少曰委多曰積皆所以給賓客疏大賓至委積○釋曰案大行人諸侯朝稱賓卿大夫來聘稱客彼對文例散文賓客通此云大賓客者唯謂諸侯來朝大司徒令遺人於野路之上脩治道塗及委積芻薪米禾之等以待賓客○注令令至賓客○釋曰令令遺人使爲之也少曰委多曰積者案遺人云十里有廬廬有飲食三十里有宿宿有路室路室有委五十里有候館候館有積故知義然也

大喪帥六鄉之衆庶屬其六引而治其政令衆庶所喪役也鄭司農云六引謂引致至索也六鄉主六引六遂主六紼○引如字又音胤紼音弗疏大喪至政令○釋曰大喪謂王喪至七月而葬大司徒帥六鄉之衆庶取一千人屬其六引挽柩鄉廣而治其政令者大司徒則檢校挽柩之事○注衆庶至六紼○釋曰云衆庶所致役也者但六鄉七萬五千家進取一千人致之使爲挽柩之役故云所致役也司農云六鄉主六引則此經是也云六遂主六紼者案遂人職云大喪帥六遂之役而致之掌其政令及葬帥而屬六綍在棺曰紼見繩體行道曰引見用力互文以見義也

（大司徒）

通考

~~冊案始~~

~~[illegible]之[illegible]諸[illegible]之[illegible]~~

地理考了明[illegible]人在明清夫士臺之閣稱[illegible]

乃[illegible]了[illegible]於集至[illegible]不能[illegible]其[illegible]材

因至於兩[illegible]了[illegible]於其地[illegible]於集其每

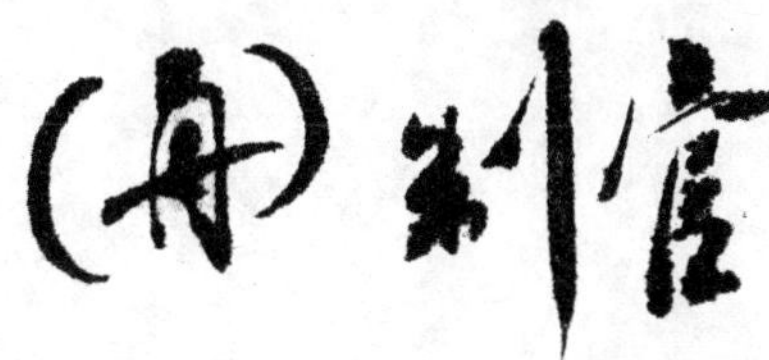

命舟牧覆舟。五覆五反。乃告舟備具于天子焉。舟牧主舟之官也覆反舟者備傾側也○覆芳服反下及注同

天子始乘舟。薦鮪于寢廟。進時美物○鮪于軌反

言黨雖勤力為林之亦聞為巴王居

於城門山中

白帝在春王元年是歲天大雨雪至于

牛目壞城郭且為樹下為奔

交通

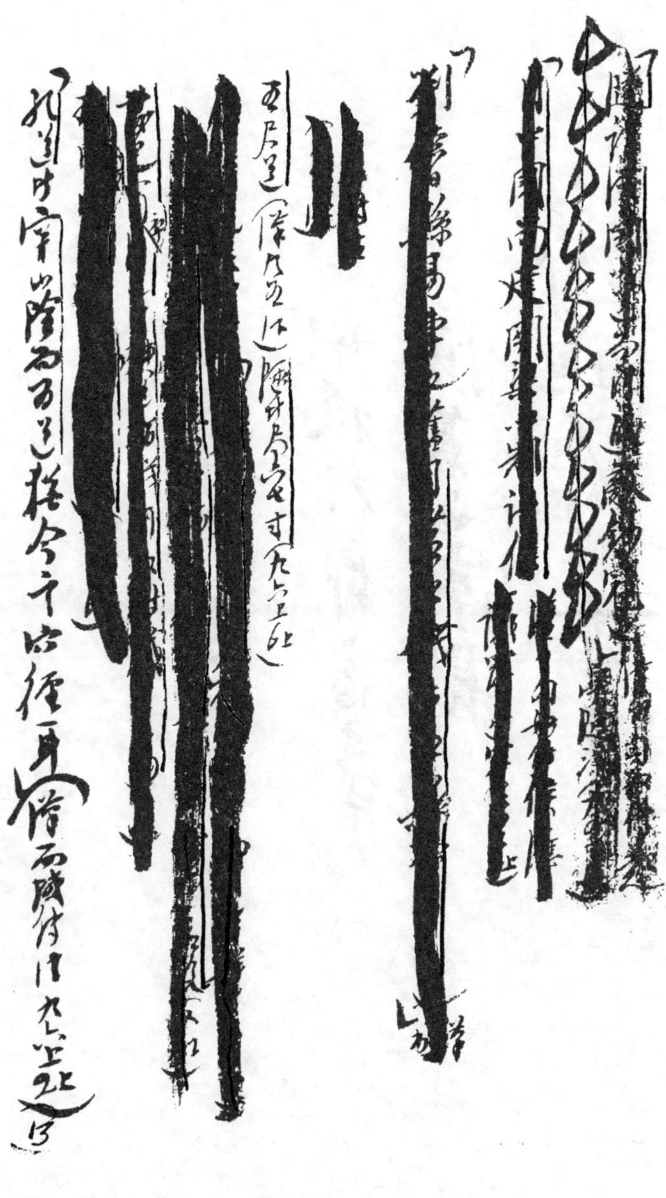

通

州牧行部宿亭下

陳蕃与亭長

風俗通卷四 卷七頁二二

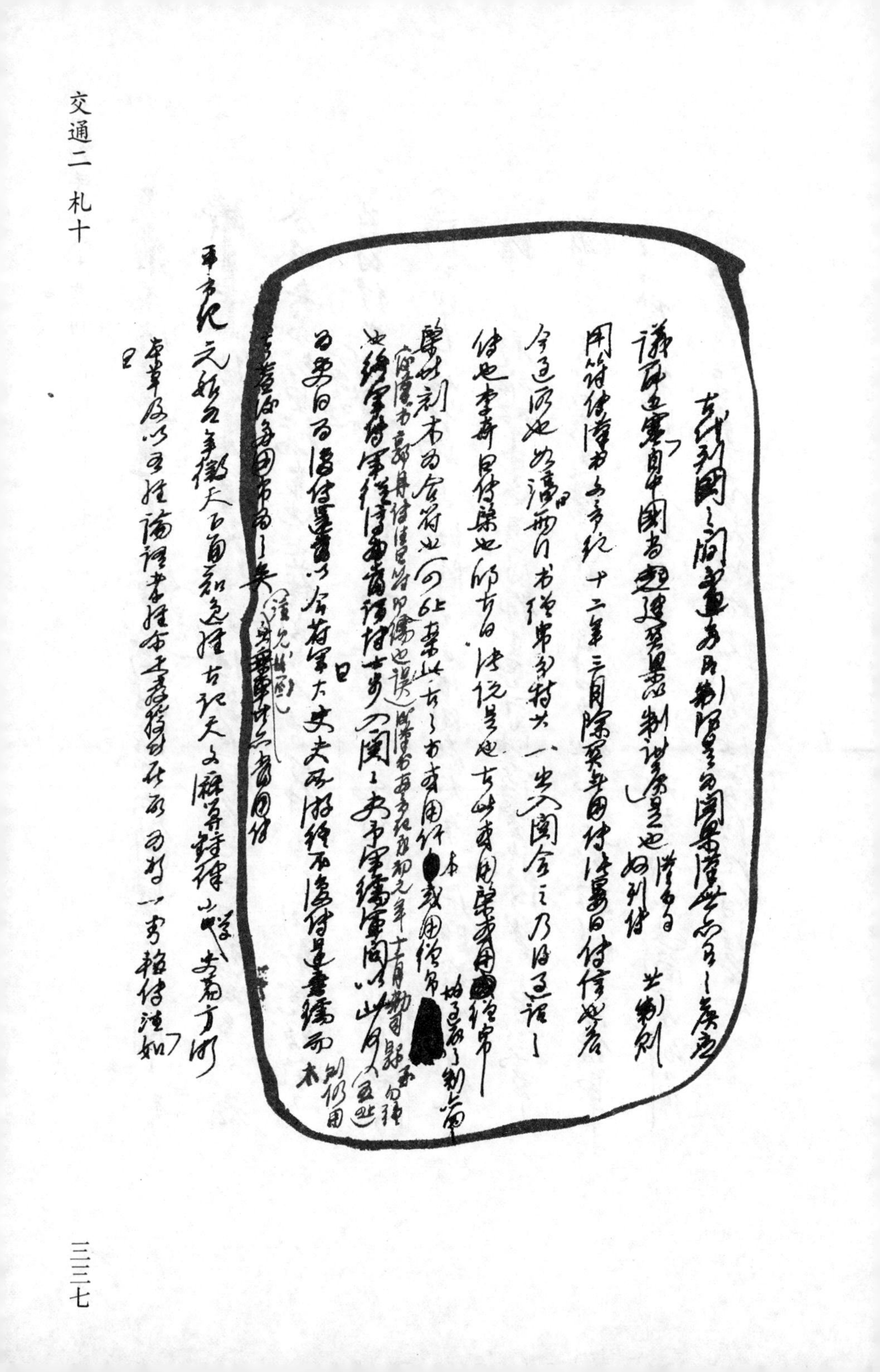

[illegible]

[illegible]佳後漢書儒林傳也而節刪為今之蒼

頡矣蔡林[illegible]儒者也也蓋儒家出入皆以經之故因劉歆編輯今以

為儒術也（六書略）

以在三代以前，是與世襲並行的。俞正燮癸巳類稿

Ⓐ後漢書中[illegible]傳[illegible]居周在大學[illegible]居臨[illegible]以身試

[illegible]

[illegible]

[illegible]

[illegible]

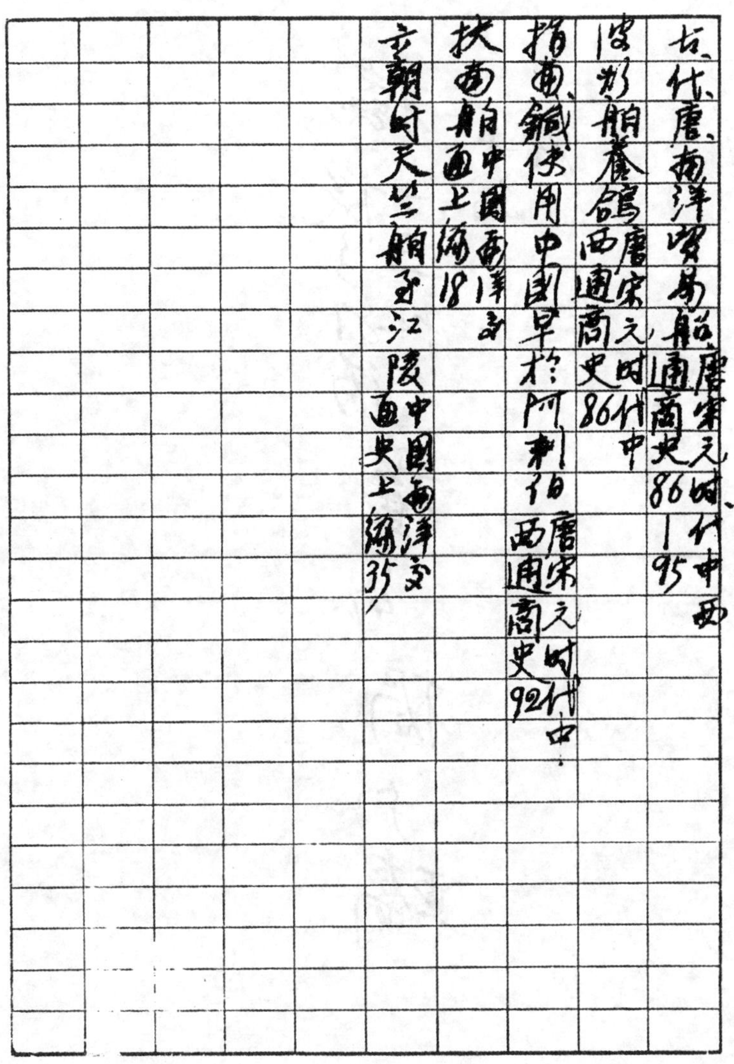
交通

古代、唐、南洋贸易船、唐宋元时代中西通商史86—95

波斯舶养鸽 唐宋元时代中西通商史86

指南针、使用中國早於阿剌伯 唐宋元时代中西通商史92

扶南舶 中國南洋交通史上编18

六朝时天竺舶至江陵 中國南洋交通史上编35

遹

毳 説文新附

十三 4上

十六 8下

韗 4上

橋 4上

轎

[illegible]

[illegible]徐節公祖尊[illegible]人[illegible]

專[illegible]胡適[illegible]先生

（二）南疆公路，起自甘肅安西，與甘新公路銜接，經敦煌入新疆婼羌，至庫爾勒。由交通部組織南疆公路工程處，分甘，新二段，於今夏測量修築。現仍在繼續趕工中。

（三）甘川公路，由蘭州經臨洮至岷縣一段，早經完成，岷縣至武都一段，尚未全線修通。交通部於三十年底停工後，已成工程，復多被山洪冲毀。今春，甘肅省政府，特呈准中央撥發鉅款，組織甘川公路岷武段工程處，負責施工。路基，橋涵，可於今冬完成。臨洮至武都路面工款一萬四千萬元，已由省府編擬預算，呈請中央核撥。該路如能全線完成通車，較繞道天水，廣元至成都，可縮短途程二百餘公里。其於隴南當歸黨參，大黃，秦艽等項藥材的外銷，更有裨益

卅四・十二・廿八
青年日報
刊

【中央社蘭州二十三日電】聯絡甘寧綏三省之國有幹線蘭（州）寧（夏）公路，現已全部竣工，定廿五日晨七時於蘭州北郊之廟灘子（該路起點）舉行通車典禮。此路完成，不僅對西北軍運商旅有劃時代之便利，即對青新民生經濟文化亦將有莫大之助益。該路全長四八九公里，較經平涼至寧夏縮短三九〇公里。昔七日之旅程，今三四日即可到達。甘・青・新寶產之皮毛藥材均得有便利之機會，運往寧夏轉綏省而至海口。全程分甘・寧兩段，於三十三年三月十六日施工，甘段長二四二公里，寧段長二四七公里。

34
12